不動産投資歴15年のレジェンド直伝

不動産投資 絶対にやってはいけない39の落とし穴

名取幸二
杉田卓哉

マネジメント社

不動産投資歴15年、150物件を仕込んだプロが裏のウラを曝露！

⚠ こんな考え方はキケンです。

- ☑ 不労所得でラクラク大儲け！
- ☑ 銀行融資が受けられる＝安全な物件だ！
- ☑ ワンルームマンションの営業マンは信頼できる！
- ☑ 長期ローンがあっても最終的には財産になる！
- ☑ ボロ戸建て投資で高利回りを目指す！
- ☑ 投資＝買ったら放置でＯＫ
- ☑ 少額だから安全。１億円以上の物件は危険！

はじめに

こんにちは。不動産投資家の名取幸二です。

この度はたくさんある不動産投資本の中から本書を手にとっていただき、本当にありがとうございます。

私は不動産投資を16年あまり経験し、ある程度の物件を所有することができました。資産家一族や地主の出身でもなく、年収600万円程度の普通のサラリーマンからのスタートでしたので、決してよい環境や条件ではありませんでした。そんな私でも、知恵と努力と行動力でなんとかここまで不動産投資を進めることができました。

不動産投資仲間の1人、共著者の杉田卓哉さんも私同様に十数年の不動産投資歴があり、また異色の投資家として事業経営、コンサルタントなども多数こなす、マルチな才能の持ち主です。

私たちがどのような不動産投資をしてきたかは、その一部をプロローグで紹介していますが、昨今、不動産投資での資産形成を夢見て、多くの人が不動産投資にチャレンジしていますし、その指南書も多数発行されています。

しかし、同時に多くの人が知識不足によって、あるいは悪徳不動産会社の営業マンに騙されて、最初の物件で失敗する人があとを絶ちません。そして、一度失敗すると「不動産投資なんか、するもんじゃない！」と批判的になります。

その感情はわからないでもありませんが、だからといって不動産投資そのものが魅力のない手段ではありません。

株やFXなどのペーパー投資と違い、不動産投資は「事業」です。不動産賃貸業という業種は存在しますが、FX事業という業種は存在しません。また不動産賃貸業は銀行が認める事業であるからこそ融資が受けられますし、その内容も運や世の中の情勢に流されるものでなく、自分でコントロールできることが多いのです。自分でコントロールできれば、それはまぎれもなく事業です。

本書では一般的に通用している「不動産投資」という言葉も使いますが、本書で解説する内容は、じつは「投資」よりも「事業」の意味合いが強いとご理解ください。

事業であれば、物件をじっくり精査し、どれだけ現金収入が期待でき、同時にどれだけのコスト（広告費・管理費・修繕費等）がかかり、それによって確実に融資の返済ができ、手元にどのくらいのキャッシュが残るのか、十分すぎるほど検討しなければなりません。

物件を買って放っておいたら、勝手に返済が進み、毎月手元にお金が残っていく……そんな甘いものではないことをお伝えしておきます。

まずは、本書に書かれている数々の「落とし穴」にはまらないようにしてください。最初の一歩でつまずかないことです。これらの落とし穴にはまらず、しっかり学んでいけば、不動産投資ほど確実な事業はないと確信できるでしょう。

また、不動産投資の融資情勢も大きく変化しています。かつてはフルローンで借りられた時代もありましたが、現在は、事実上それは不可能です。銀行はフルローンで貸すことはまずありません。

こういった時代の変化に適応し、多くの情報を得て、それらを整理・分析し、事業戦略として組み立てられるかどうかが、不動産投資で「失敗する人」と「成功する人」の違いになります。

いつの時代でも変わらない「成功の普遍の法則」があります。

それは、不動産投資を一所懸命にやるモチベーションをもち、行動している人が成功するということです。

もし今、不動産投資にチャレンジしよう、あるいは経験はあるけれど再度チャレンジしたいと考えているなら、この本によって、名取と杉田が多くの経験から培ったさまざまなノウハウやヒントがお役に立てると確信しています。

名取　幸二

不動産投資　絶対にやってはいけない39の落とし穴　もくじ

第2章　物件購入の落とし穴　～こんな物件を買ったらもうおしまい～

第3章　リフォームの落とし穴　～コストカットでリスクが倍増～

第4章　空室対策・物件管理の落とし穴　～放っておいたら損するばかり～

第5章　融資の落とし穴　～借金を背負ったときのセオリー～

プロローグ

私の不動産投資体験

自己紹介のかわりに、まずわれわれ2人がこれまでやってきた不動産投資について紹介しておきましょう。

もちろん、投資ですから、失敗もあれば成功もあります。そして、その過程でつかんだ教訓こそが、私たちがもっているノウハウです。ただの不動産投資の紹介ではなく、なぜ成功したのか、失敗したかの原因も述べています。

その要因を学べば、「こうすればいい」「こうしたらダメ」ということがわかります。まずは実地経験から生まれたノウハウを学んでください。

名取幸二の不動産投資歴

私が不動産投資を始めようと思ったのは、2005年のことです。

「今日から不動産投資をやってやろう!」という感じではなく、サラリーマンの仕事のほかに何かやろう! というレベルで、明確な目的はありませんでした。

●ダメダメサラリーマンから脱却したい!

当時は会社勤めをしていましたが、今のように、「副業OK」という時代でもなく、不動産投資の関連書籍や情報も少なく、何から始めたらいいのかわからない状況でした。

なぜ、サラリーマンの仕事のほかに何かやろうと思ったのか?

それはダメダメサラリーマンだったからです。ですから、「いつかアイツを見返してやろう!」「あの年収の高い、意地悪な上司よりも高所得になってやろう!」と、そんな反骨精神が不動産投資活動の原動力となっていきました。

当時の私は投資というものにはまったく無縁で、株? 不動産? FX? 投資信託? なにも知りませんでした。ビジネス知識ゼロのサラリーマンだったのです。

株をやってみようと少しかじってみたもののしっくりせず、じゃあ不動産のほうがわかりやすい。そんなレベルからのスタートでした。

独身時代は賃貸アパート暮らしでしたから、漠然と「いつかは逆の立場になりたいなぁ」と夢を抱いていた時期もありました。

●区分所有のマンションを購入……手元に残ったのは月2万円

私はわずかな書籍からの情報と、2005年当時やっと身近になってきたインターネットからの情報などをつなぎ合わせて勉強していきました。

私が目指すのは長期的に継続して安定経営のできる不動産投資でした。

しかし、安月給のサラリーマンでは先立つものがありません。そこで、まずは区分所有の物件を購入しようと勉強します。

新築の区分所有専門の不動産業者に連絡をして、説明を受けたこともあります。東京都内の一等地の区分所有マンションで、価格が3000万円。「今買っておけば10年後にはかなり価格が上昇します」とのことでした。

これに融資をつけて30年ローンで、毎月の利益はマイナス、手残り額もマイナス。これはサラリーマン収入の節税になり、毎年数万円が還付されるとのことでした。

そして、「30年後にはあなたものですよ」というわけです。

当時の私ですら毎月のキャッシュフローがほしいと願っていましたので、「何か変だぞ?」と、本を購入して勉強しました。

当時読んだ本にあったのは、利回りは10%以上、区分所有は融資を受けて購入したら**ダメ**だということでした。

今考えると当たり前で、区分所有不動産は、銀行から見ると担保価値がきわめて低いのに、その物件に対して高額の融資を引っ張るので、信用毀損してしまいます。だから、「区分所有を買うのは現金で」ということになります。

その後、私はなけなしの貯金で何とか中古の区分所有物件を現金購入しました。区分所有の単身者向けの物件で、家賃は3万円です。管理費と修繕積立金などを引くと2万円の手取りです。

う～ん。お小遣いにもならない。

これを2戸、3戸購入しても、4～6万円にしかなりません。

不動産投資で手元に残る収入が、サラリーマンをやめられるくらいの金額。当時の大卒初任給は月額20万円。月額20万円まで収入を得るには、区分所有物件を10戸も買わなくてなりません。あと1戸、2戸買ったところで、私の貯金が底をつくのは目に見えていました。

次の物件どうしよう？　お金ないのにどうしたらいいだろう？　そんな悶々としていた時期がすごく長い期間ありました。

●師匠との出会い

2007年当時、素人だった私は知らなかったのですが、不動産投資の世界では画期的なことが起きていました。

三井住友銀行が、サラリーマン向けに「アパートローン」という融資商品を開発して、サラリーマンがアパートを普通に買えるようになったのです。これが加熱していて、かなりの融資が出ていました。この情報をかぎつけた私は、なんとかこれに乗れないか考えました。

しかし、2007年の年末にこの融資が過剰だったとして、いったん収束を迎えます。ちょうどこの頃、私は師匠と出会うことになります。

1億円の物件を買う……当時はこの「1億円の壁」が邪魔をしていました。私にはそれだけの準備ができていなかったのです。

次はどうしたらよいだろうと悶々としていたある日、

「不動産投資でサラリーマンをリタイアしよう」

「頭金なしで収益不動産が買える」

などという、かなり怪しいキャッチコピーをネット上で見て、そのまま記載されているところに申し込んでみました。

この怪しいところに入会すると、ここの不動産投資は本物で、それは目から鱗が落ちるばかり。おそらく日本一の不動産投資のスクールだったと思います。私はここで不動産投資を学び、そして不動産投資を実践することになりました。

●1棟目購入までの苦労

2007年当時は三井住友銀行のアパートローンで不動産投資を始めようと決めていましたが、その年の暮れには三井住友銀行はアパートローンを閉じ始めたのです。

そして2008年には完全に閉まり、私の不動産投資スタートは雲行きが怪しくなっていきました。

それから1年半の間、物件をいくつも銀行へ打診してみました。その結果は、融資がつかなかった、物件を横取りされてしまった、物件に問題があったなど、なかなか最初の1棟を買うことができませんでした。

不動産の購入は自身の資金力や属性によるところも大ですが、運やご縁によるところも大きいです。買えるかわからない物件のために、現地調査で埼玉～長崎間を日帰りで行く、埼玉～福岡へ日帰り断行、夜行バスで8時間かけて金沢まで、なんていうのを何度も繰り返し、そのたび空振りに終わりました。

しかし、「この活動が無駄になることはない！」との信念で続けました。私は今でも本当に無駄なことは何ひとつなかったと思っています。

たとえば銀行融資が断られたら、断られた事実と要因があります。それに対する対策を考えます。結果として前進しているのです。「今度も銀行に断られるだろうな……」と妄想しているだけでは何も前進しないのです。よく成功者は成功以上の失敗があると言われます。まさにそのとおりです。

性格的にしつこい私は頑張って、頑張って、不動産投資の活動を続けてきましたが、

1年半が経っても全く買えるめどが立ちませんでした。自分は、このまま物件を買えないのかもしれないと何度も落ち込みました。

こうなったら不動産投資を志したことの記念に1棟だけは何とか買おう。もうこれを買ってやめればいいじゃないかと開き直って物件購入活動を進めました。

●2009年　念願の1棟を買う

そうしたときに、福岡の物件紹介を受けました。それは以前に現地調査を済ませ、買える状態にしていた物件の価格が下がったというのです。

そこで、その物件を購入すべく買付けを入れ、融資依頼をすると、いとも簡単に「融資が下りました」と連絡が入ったのです。すでに現地調査も行っており、現地の不動産賃貸会社ともお会いし、段取りはすべて終えています。あとは決済をして、無事に1棟目を購入することができました。

このように不動産は一度嫌われても、もう一度掘り起こしをすると買えたりします。

あきらめない根性がものを言うのです。ちなみに私の物件購入は、このパターンが非常に多いです。

決済日の福岡の空は晴れてとても清々しく、いい天気だったことを思い出します。その持ち物は、銀行担当者や不動産会社から言われることが多いのですが、本当に気をつけましょう。この時も印鑑は合っているかな？　お届け印じゃないかも。嫌な予感が……。

とりあえず持参していた印鑑を銀行員へ差し出すと、たまたま合っていたようで難なく決済を完了させましたが、遠隔地での決済では印鑑忘れは厳禁。銀行員も冷や汗ものだったようです。

これは笑い事ではなく、自分の不手際で銀行員や不動産会社の営業マンの寿命を縮めないようにしましょう。

●2010年　2棟目の購入

1棟目の購入の頭金と諸費用で、なけなしの自己資金を投入してしまいました。無理してでも買わないと一生物件が買えない、そう決心しました。

1棟目で自己資金のほとんどを使ってしまった私ですが、それでも2棟目が欲しくなります。不動産オーナーになったことで、やる気が出てきたのです。

先述のように1棟目は福岡県の物件でした。福岡は海の幸が美味しく、管理会社とは良好な関係を築き大変よくしていただきました。

せっかく不動産投資を始めたのだから1棟だけで満足せず、2棟目にチャレンジすることにしました。

しかし、自己資金がほとんどありません。そこで、どのようにして物件を買おうかとメンターに相談しました。結論は、自分のできる範囲で小さな物件を購入することになりました。

3000万円くらいのRCマンション11世帯で、同じく福岡県の物件です。

ちなみに1棟目、2棟目ともに積算評価が物件価格を上回る物件を購入しています。連続して融資を受けるためには、積算評価の出る物件で、信用毀損をしないことが大切です。

そのために地元の関東圏を離れ、わざわざ福岡県の物件に絞りました。金額的にも安いものではありましたが、RCの耐用年数の長い物件でした。

私は晴れて2棟を所有できて、合計27世帯の家主となります。

投資総額としてはおおよそ8000万円。

しかし「あまりキャッシュフローが出ないなぁ」というのが正直なところでした。

これは、物件評価としては積算評価、収益評価ともに問題はなかったのですが、ファイナンス、融資条件がイマイチだったことが要因でした。つまり金利、融資期間、融資金額のバランスがよくなかったのです。

銀行から連続して融資を受けるためには、銀行の評価基準に見合う物件を購入していく必要があり、これによって融資額も決まってくるのです。

コレがポイント

☞ 物件は積算評価の高いものを購入すること

●２０１１年以降　３棟目の購入

２棟目を購入した２０１０年に続き、２０１１年も同じく物件購入を目指します。３棟目となると１棟目、２棟目と同じ銀行は利用できなくなっていました。この先の物件購入については、自分自身で銀行開拓をし、主に関東圏の物件を買うことにしました。

３棟目は１億５０００万円の物件で、自宅近隣の地方銀行で融資を受けることとなりましたが、あしげく銀行へ通い融資依頼をしました。何度も物件を自分で持ち込んだことで融資の動き方も見えたし、銀行担当者がどのような動きで融資を進めてくれるのかもよくわかりました。

約１年がかりで融資内諾が出た時、銀行担当者からは「何回もチャレンジして、審査部との多くの協議があったので、内諾まで漕ぎ着けた」ことを教えてくれました。

一度物件を持ち込むだけではダメ。これが基本的な考え方です。

仮に、一度だけ物件を持ち込んで買えている人は、個人の属性に依存して購入しているに過ぎません。

高年収のサラリーマンがアパートローンを申し込んで買えた……当たり前です。アパートローンは個人の年収や勤務先、預貯金などをベースに融資が決定します。ですから、高属性のサラリーマンなら買えて当然なのです。

もちろん、高属性のサラリーマンは、努力を重ねてその地位にいるので素晴らしいですが、いざ不動産投資に関していえば、その属性頼りの購入はやがて底を見ることになります。

また、簡単に物件を購入できた人は、購入のためのスキルが不足していることがあります。そこは振り返ってみるとよいかもしれません。

コレがポイント

☞ 一度銀行に断られても、物件購入は何度でもトライし続ける

●不動産投資は規模ではなく、一件一件の収支

そのようなわけで、２０１１年から２０１９年まで、地元の地銀、信金、信組の融資により物件を買い進めることになります。

２０１４年頃から過熱したスルガ銀行のアパートローンは大きな社会問題になりました。高属性のサラリーマンで、１年間で「10億円分の物件を買った！」「30億円分の物件を買った！」という方にもお会いしたことがあります。

もちろん私はそんなことはできなかったのですが、１年間で30億円の物件を買った方……本当はどうだったのでしょう？

当時、そんなにいい物件がゴロゴロしているわけがありませんでした。市場の原理で、融資が緩い時は物件価格が高騰します。すなわち利回りが下がります。儲からない物件ということです。

儲からない物件は、下手をすればマイナス収支かもしれません。それを30億円分も持っていてもマイナスが大きいだけ。誰にでも想像がつきます。

不動産投資はプラスにもマイナスにも大きく振れます。ですから1棟1棟の収支を厳密に見て購入していく必要があります。ただ買えば利益が出るというわけではありません。しっかりと計画し、収支計算をしていかなくてはなりません。これは事業なのです。

コレがポイント

☞ 1棟ごと、きっちりと収支計算して、利益の出る物件を買わなくてはならない
銀行融資はアパートローンからプロパーローンへ移行している

●2019年　サラリーマンリタイア後の展開

2019年1月。私は目標のキャッシュフローを達成したため、サラリーマンをリタイアすることにしました。サラリーマンリタイア時には、栃木・群馬・大阪・福岡などで10棟を所有していました。ほとんどがRC構造の物件です。

ここがひとつの目標でもありましたし、とても感慨深いものでした。サラリーマン時代は朝早くから夜遅くまで拘束され、盆も正月もなく、寝る間も惜しんで仕事に従事。自宅へ帰ってから賃貸業の仕事をやるという生活でしたから、リタイア後はそれこそ爽快な気分でした。


人生一度きり。仕事以外でもやりたいことをたくさん経験したい！

不動産投資もさらに飛躍をしたい！

しかし、ここから新たな目標設定と大きな壁が待ち受けていました。

スルガ銀行のアパートローンで過熱した融資は、2018年不動産会社の不正事件によって急速に減速することとなりました。いわゆる「スルガショック」です。

サラリーマンへはもう融資しない！

銀行も大きく舵を切り直しました。

「かぼちゃの馬車事件」は、当時ひとごととして聞いていましたが、2020年前後に発売された書籍などを読むにつれ事態はかなり深刻なものだと受けとめ、これでは融資事情は大きく転換するしかないと実感しました。

２００５年頃、私が不動産投資の世界に入る少し前に、融資商品のひとつとして開発されたアパートローンは、約20年間で事実上終焉となります。やはりサラリーマンで経営経験のない人へ億単位の融資は危険である、サラリーマンの片手間で不動産経営は無理だろう……そんな理由でサラリーマンへの収益不動産には融資しない雰囲気になっていきました。

●２０２０年からの転換

２０２０年は、新型コロナウイルスによるパンデミックが起きて、世界も日本の社会も大きく変わりましたが、先に述べたように、不動産投資の融資情勢も大きく変化しました。

すなわち、安定した収入のある高属性サラリーマンへ融資をしていたアパートローンから、事業者、経営者向けのプロパーローンへと銀行の融資姿勢が大きく変わっていったのです。

しかし、これは最近始まったわけでもありません。サラリーマン大家側から見るとアパートローンが主流ですが、銀行の立場からすれば事業への融資なので、もともとプロパーローンが主流だったのです。

それが2018年頃に発覚した不動産業界の事件によってアパートローンは縮小し、もともとあったプロパーローンへ戻っただけの話です。個人オーナー向けの不動産融資は縮小していますが、不動産への融資総額は2018年以降も上昇しています。

アパートローンは2000年代初期にスタートしているので、約20年は利用されてきました。その中にいた私を含めた不動産投資家は、「アパートローンが普通」と勘違いしていたわけです。

●プロパーローンでの不動産投資

私はアパートローンからプロパーローンへの時代の流れを感じ、プロパーローンで不動産投資を続けていけるように方向を転換しました。

不動産事業者として融資を受ける戦略に舵を切ったのです。その準備と実績づくりまでには手間もかかりましたが、短期間で、過去10年間の実績を超えるだけの規模まで購入できています。

これはプロパーローンの特徴をうまく利用できた結果と考えています。アパートローンは、主にサラリーマンの年収に依存するところが多く、よって融資金額の上限も2億円程度が一般的です。しかしプロパーローンには上限がありません。ひとつひとつの案件ごとの審査なので、銀行の融資姿勢と債務者（投資家）の財務状況によるところが大きいのです。

このプロパーローンを利用して、私自身もさらに続けて物件を購入することができました。まだまだ道半ばなので、今後さらなる投資方法を研究して、より一層拡大していけるように日々邁進していきます。

杉田卓哉の不動産投資歴

●リーマンショックをきっかけに株から不動産投資へ

私の不動産投資との出会いは、2008年のリーマンショック（アメリカ発の不動産証券不況）までさかのぼります。

当時は精密機器メーカーのオリンパスに勤務するサラリーマンで、不動産投資を始めるまでは株式投資をずっとやっていました。一番よいときには、200万円から始めた株が3500万円くらいまで膨れ上がり、実感はないものの「株は儲かるなあ」と感じていました。

しかし、その後2005年にライブドアショック、そして2008年のリーマンショックという二度のショックで、株の資産は1500万円くらいに目減りしてしまいました。

私はこの時点でペーパーアセット（紙の資産＝証券）には懲りてしまい、新たな投資として、リアルアセットの不動産投資へ鞍替えしたのです。不動産投資に鞍替えといっても、私の場合も名取さんと同様、すぐには1棟目を購入できませんでした。物件検索や現地調査など、毎週毎週不動産投資へ振り向ける時間を作ってはいましたが、それでも1棟目をようやく購入できたのは、２００９年も終盤になってのことです。結果的に着手から1年間は物件を買えずに悶々とする日々を送りました。

うまくいかない人の特徴として、二つあると思います。

一つ目は行動しない人。「不動産投資？　なるほどそんないい方法があるんですね！満足しました」と、行動する前に知識欲だけ満たせば満足をして実践しない人です。いろんなセミナーを受講して、知識をつけることで行動した気になっているだけのいわゆる「セミナージプシー」と呼ばれる人たちです。

二つ目はちょっと行動して、うまくいかなかったらすぐにあきらめてしまう人です。

不動産投資に限らず、何事も成就するためにはそれなりの時間がかかるものです。これをスッ飛ばして成功の果実だけやすやすと手に入れることは、一部の天才を除いてはほぼ不可能です。

私は凡人なので不動産投資の勉強をしましたし、行動に何百時間も費やし、それなりに費用もかけました。

2008年当時は今ほど不動産投資関連の書籍は出版されていませんでしたが、それでも数十冊の本を読み、基本的な知識を頭に叩き込んで、毎晩のようにネットで物件検索をし、平日の仕事の昼休み時間を使って不動産会社へ問い合わせ、また銀行を訪問したり、週末には物件を見に行ったり……。

コレがポイント

☞ うまくいかない人の特徴——行動しない人、あきらめる人

継続は力なり。何事も継続して、初めて結果がついてくる

●記念すべき最初の物件は神奈川県の1棟マンション

不動産投資の勉強をする中で、大家の団体や有料セミナーにも参加するようになりました。

セミナーの中には無料で開催されているものも多数ありますが、それらは不動産業者などが物件を販売するための集客目的で開催されているだけ。中身のないものが多いので、必ず有料のものを選ぶようにしました。

私が当時に参加したセミナーは、たとえば、「都心で比較的安価な旗竿地に長屋形式の木造新築物件を建てる会」や、「地方で高積算の一棟中古マンションを買うハイレバレッジ投資法の会」が主催したものなど、実にさまざまでした。

ただ思い返すと、断片的にかいつまんだ知識ほど使えないものはないと痛感しました。

最初は、自分の住まいのある東京都内で利回り10%以上のRCマンションを探していましたが、東京だとその条件ではなかなか見つかりませんでした。そこでエリアを神奈川県まで広げてみたところ、ポツポツとよさそうな物件が見つかりました。

当時の私が検索したのは、投資物件情報マッチングサイトの『楽待』や『健美家』です。２００９年の秋に、神奈川県鎌倉市で積算評価が1億３０００万円の1棟ＲＣ中古マンションが９０００万円、利回り11％で出てきました。これが私にとって記念すべき第1号目の物件となりました。

同時に、神奈川県横浜市に４３００万円の1棟ＲＣマンションと、同じく横浜市内に約７０００万円の新築木造アパートの案件が同じようなタイミングで入ってきました。このとき私は、上場企業に勤務するサラリーマンという属性を生かして、３棟とも同時購入しようとしました。

鎌倉がスルガ銀行、横浜がそれぞれ三井住友銀行とオリックス信託銀行（現オリックス銀行）での融資でした。しかし、3件目の新築アパートについてはデベロッパーの経営状態が途中であやしくなり、結局は案件自体が消滅してしまいました。このため、結果的には鎌倉のマンションと横浜のマンションの2棟を、この年末に購入することになったのです。

●ラッキーだった

鎌倉のマンションについては、仲介業者さんの頑張りもあり、最終的には指値の8700万円で取得できました。

提案を受けた翌日には現地を見に行きました。実際に足を運んでみるとキレイな外観で、しっかりとした造りの低層物件でした。満室稼動だったこともあり、その場ですぐ購入を決めて買付証を提出しました。

当時サラリーマンの私にとってはいきなり大きな額の借金ができたわけですが、それまでも会社の仕事で数億円という大きな金額を扱っていたため、それほど抵抗はありませんでした。むしろ、「どうせダメになって返済できなくなるのなら数千万円でも数億円でも同じだ」という、どこか開き直った考えも頭の片隅にありました。

それに当時は、金融機関の目線で融資が出るということは、それなりに評価されたよい物件だろう……そんな甘い考えすら持っていました。

これは今になって考えると恐ろしい話で、銀行とくに「かぼちゃの馬車事件」で融資役を担ったスルガ銀行などは、そのリスクを4・5％もの高い金利に転嫁することでバランスを取っていたわけです。

これはずいぶんと後になってわかったことですが、銀行は必ずしも「よい物件だけ」に融資をしているわけではありません。案件を総合的に見て、リスクとリターンのバランスをはかっているのです。

案件とは、「物件」と「人」です。つまり平凡な物件だったとしても、属性がよく返済に問題がないであろうと判断した場合には融資をすることもあるのです。

コレがポイント

☞ 融資の出る物件は必ずしもよい物件とは限らない
ダメ物件でも属性のよい人には融資することがある

●2棟目はなんとかフルローンで購入

これは当たり前のことですが、物件を購入すると一時的に自己資金が減ります。

たとえば、私の1棟目の鎌倉のRCマンションだと、物件価格が8700万円でした。これについては、当時スルガ銀行からの融資を受けたのですが、融資割合は9割でした。つまり1割は頭金を入れなければなりません。

そのほかに、取得時の諸費用として、登記費用、仲介手数料、火災保険料、（半年後くらいに）不動産取得税などがかかるため、通常購入価格の7％程度が必要となります。これらを合わせて1300万円ほどが支出されることになります。

2010年代中盤は、アパートローン全盛の時代で、その頃にはフルローンやオーバーローンで借りるのが当たり前の風潮でした。

2009年当時はまだそうでもなかったことから、物件を取得する都度に多額の資金が必要で、買いたい！　でも資金が足りない！　だから買えない！　など複雑な思いでした。まだ自己資金が乏しかった私にとって、チャンスはあってもなかなか手が出ない状況が続いていたのです。

2棟目は、なんと1棟目の購入の翌月の決済でした。同じく神奈川県の横浜市で築20年（購入時）のRCマンションを4300万円で取得しました。表面利回りは11％のファミリー物件です。

戸数は4戸と少ないながらも、1戸あたりの面積が70㎡超もある広めのメゾネットでした。当初、仲介の担当者が斡旋してくれたのは、りそな銀行でした。頭金1割の9割ローンです。

しかし1棟目で1300万円ほど使った直後だったため、ほかには株など証券のまで、現預金が手元にありませんでした。株を売ろうとも思ったのですが、タイミング的に損をしてしまうので売れず、そこで考えたのが「なんとかフルローンにしたい！」ということでした。

初めて自分自身で銀行回りをして、自分で融資付けを行いました。右も左もわからないまま、自宅や職場の近くの銀行に電話でアポを取って訪問し、物件概要などを持ち込んで説明しました。

結果的には、三井住友銀行で1・975%の金利で満額融資を無事に取り付けることができ、なんとか2009年に決済できたときは本当にうれしかったです。

このときの経験から、その後も銀行融資について研究し続け、不動産投資家にしてはずいぶん詳しくなったと同時に、**自己資金の重要さを思い知らされること**になりました。

ただ、2棟目の諸費用で300万円ほど必要となり、それは実家の両親に事情を説明して借用しました。急な話だったので心配もされましたが、最後は応援してくれて何とか工面できました。両親には感謝しかありません。

コレがポイント

☞ 物件購入にはやはり自己資金がある程度必要である
自己資金の確保は不動産投資の準備のひとつである

●3棟目は新築にチャレンジ！

さらに同じ時期に、3棟目として同じく横浜市に木造新築アパートを計画していて、契約寸前まで行ったのですが、これはデベロッパーの都合で計画がとん挫してしまい、成就しませんでした。

私自身も資金が底をついていたので、「案件が流れた」との報に少し胸をなでおろすなど複雑な心境だったことを思い出します。

計画としては、総工費7000万円でオリックス銀行から融資内諾も出ていたので、残念でもありましたが、いよいよ次からどうするか？　作戦を練り直す必要が生じました。

●1棟目のマンションを売却――収益はあるが修繕費が多額に

このタイミングで1棟目を早々と手放すことになります。自己資金が尽きたからやむを得ず……ではなく、たまたま知人経由で「購入したい」という人が現れ、お譲りしたのです。

この鎌倉のマンションは利回りが11％あり、収支シミュレーション上も決して悪くない物件でした。しかし、委託した管理会社が非常に保守的で、次々とお金のかかる提案をしてくるのです。それは保守的というよりも、むしろ営業行為として修繕工事の見積もりを送ってきているようにさえ思えました。

その半年間で不具合のあった報告は屋上防水、外壁の目地のコーキング、外壁塗装、鉄部の錆び止め、外構のひび割れの補修、排水ルートの調整など、数えきれないくらいありました。

今の私であれば、購入と同時に長期修繕計画を考えて、必要な工事を最適なタイミングで実施するようにします。また、資金計画と併せて組み立てることもできます。

しかし、その当時は鎌倉へ頻繁に足を運べず、管理会社にほぼ丸投げの状態でした。そのため現場の状況を正確に把握しきれず、管理会社から提案されてもノーと言えなかったのです。とはいえ、提案されたとおりの修繕をすべて行っていては、とてもお金が続きません。

ただ、救いだったのは入居率が非常によかったことです。満室の状態で購入し、所有した半年の間に2室の退居はありましたが、募集をかければ即入居が決まりました。

それでも退居後の入れ替えでリフォームをしなければ次が入れられません。原状回復の見積もりも70㎡の部屋が2室で50万円程度の費用がかかりました。

ちなみに今の私のスキルであれば、その半額程度のコストで済ませることができるのですが、その当時はリフォーム工事についても無知で、いいように管理会社のカモにされてしまったようです。

収支で考えると家賃は月80万円入り、返済で40万円が消えます。固定資産税の積み立て、清掃費用や管理費用などを差し引いた上に、数十万円単位の修繕費や退居のたびに50万円のリフォーム費用が引かれて赤字が続きました。

さらに追い討ちをかけたのは、数百万円規模の外壁修繕費の見積書が届いたことです。財政的、それに精神的にもすっかり参ってしまいました。

「このままではお金持ちになるために始めた不動産投資で貧乏になってしまう」

そう本気で思いました。

いつしか、管理会社から着信があるたびに「退居か？　それとも修繕か？」と怯えるようになりました。

今になって振り返ると、このときが我慢のしどころであったのかもしれません。ここを乗り越えて、不具合のある箇所を修繕さえすれば、それ以降は安定稼動してキャッシュフローをもたらしてくれたかもしれないという後悔もあります。

しかし、当時の私にこの状況は耐え切れるものではありませんでした。そして、いつしか「リセットしたい！」と強く願うようになっていたのです。

そのようなタイミングで、知り合いの不動産会社を通じ「買いたい！」という人が現れ、とんとん拍子に売却の話が進みました。

結果的には売却益も出て、その資金を元手に、翌年から毎年3〜4棟ずつを購入していく原動力になりました。このときの経験が後々、不動産の転売をしていくきっかけになったのです。

コレがポイント

☞ 購入後に費用がかかる物件かどうか、よくよく見分けることが肝要である
最もいけないのは管理会社に丸投げすること。購入時に長期修繕計画を立て、そのコストもしっかりはじき出すようにしなければ、管理会社の言いなりでコストがかかってしまう

●地方高利回り物件へシフト

1棟目の鎌倉のマンションを売却したことで、入れていた自己資金相当と売却益が出て、2010年は比較的資金に余裕がある状況でした。

この時点で1棟RCマンション投資から、もう少し小ぶりな木造アパートも含めて、地方の高利回り投資に路線を切り替えました。このきっかけとなったのは、現在は米国に移住した石原博光さんの著書『まずはアパート1棟、買いなさい!』(SBクリ

エイティブ）の影響でした。

石原さんは、手許資金の乏しい投資初期は、利回りの低い都心部での物件取得を避け、高利回り物件の出やすい地方で買っていく戦略でした。

この本を読んで「これしかない！」と確信した私は、著者の石原さんに連絡し、直接教えを乞うことにしました。石原さんとは自宅がご近所だった縁もあり、その後も頻繁に会い遊びに行く仲となり、十数年経った今でも私が「師」と仰ぐ存在です。

その影響で2010年7月には法人を設立し、栃木県大田原市で4世帯の小さなアパートを700万円で購入します。表面利回りは25％でした。

●公庫の融資が受けられない？

この大田原のアパートは法定耐用年数も切れていることから融資が難しく、それでも唯一融資してくれるだろうと想定していた政府系金融機関の日本政策金融公庫からの融資で購入しようと進めていました。

そもそも公庫とは、中小・零細企業の事業資金への融資を通じ、日本経済を活性化させる政策誘導的なセーフティーネットであり、投資家やサラリーマンなどの資産形成・資産運用への融資はしないという特性があります。

窓口で融資相談をしたところ、鎌倉のマンションを購入してから半年の短期で売却したことが「売却益目的の短期売買」とみなされてしまい、融資を受けられなくなります。これは大きな誤算でした。

公庫から「投機目的」と見られてしまうと、その後の2年間は融資を受けられない通称「禊（みそぎ）」と呼ばれる期間を過ごさなければなりません。この場合、他の支店へ持ち込んでも、情報は共有されているので結果は変わりません。

ここはいさぎよくあきらめて、現金で購入することにしました。実際にその後も別の案件で、支店や担当者を変えながら、公庫融資に何度かチャレンジしてはみたものの、やはり同じ理由できっちり2年間断られ続けました。

ちなみに、2年間の禊が終わってリフォーム資金を渋谷支店に依頼したとき、ようやく借りることができました。なぜ2年間なのか？

不思議な都市伝説のように思っている投資家もいるかもしれませんが、答えは単純明快で、審査の際に提出させられる決算書や確定申告書などの財務データは通常2期分となるので、その短期転売の履歴が消えるまで貸せないというわけです。

公庫は国の機関であり、短期転売には「宅建業」のライセンスが必要で、それを持たないまま不動産を販売することは宅建業法に抵触するおそれがあるので貸せないと、ある担当者から教えてもらいました。

コレがポイント

☞ 日本政策金融公庫は、不動産投資家にとっては頼りになる金融機関のひとつだが、短期売買に関しては厳しい見方をされるので、売却を複数している場合は注意が必要である

●2013年 6棟購入して2棟売却

私の不動産投資活動も5年目に突入し、不動産賃貸業としても徐々に慣れてきた一方で、毎年立て続けに購入してきたことで自己資金も減ってきました。

そこで、取得した不動産のうち転売益が出そうなアパートを2棟売却することにより手許資金を厚くして、さらに次の物件の購入につなげようと考えました。

埼玉県内に取得していたほぼ全戸空室のアパートが満室になったので、これを利回り12％に設定して不動産仲介会社に売却依頼しました。

するとすぐに買い手が決まり、希望した満額で売却できました。売却額は2000万円で、購入額が1250万円だったので750万円の売却益が出て、往復の仲介手数料その他諸経費を引いても600万円は手元に残りました。

そこで、今度は売却益を狙って、売却する前提で全空のボロアパートを格安で購入し、リフォームを施して入居付けを行い、利回り12％程度で売却する取引をやってみたのです。

初めから転売目的で購入しているので、今回は銀行融資を使わずに現金で購入しました。そのため、より強気な指値も通すことができ、また銀行に短期で繰り上げ返済する必要もないので文句も言われず、一石二鳥、いや三鳥と思える取引ができたのです。

●初めてテナントビルを購入

それまではずっとレジ（住居系）物件を購入してきましたが、2016年に初めてテナントビルを取得しました。

物件の所在地は埼玉県所沢市の駅から10分くらいの立地でしたが、築古のRC物件で、購入時点ですでに42年を経過しているうえ、利回りも9％程度。投資目線で考えると、そう魅力的でない物件でした。旧耐震であり、普通なら買わない物件です。

それでも購入に踏み切ったのは、知人の社長の経営する会社がもともと所有していたのが、本業の業績が悪化したということで、「一時的に抱いて（登記名義人になること）ほしい」と要望されてオーナーになったのでした。

土地と家屋の合算で固定資産税評価ベースでも5500万円ほどあるビルを、半値以下で譲ってもらいました。「業績がよくなったら買い戻す」約束で、それまでは月20万円ちょっとで賃借してもらったのです。

最悪の場合はよそへ売却すれば「6000万円以上で売れるかな」という見立てだったので、利回りとしては低いですが話に乗りました。地元の信用金庫からフルローンで20年融資、金利は1％台後半でした。

結果的に、5年保有してインカムを得たあと、満足のいく値段で買い戻しのオファーをいただいたので、元の所有者へ売却をして投資は終了しました。売却額は支障があるため公表できませんが、固定資産税評価よりも当然高い額で引き取ってもらえたので、かなりの利益が出たことになります。

短期の転売とは違って、ある程度の期間保有しての転売の場合、その期間の元本返済も進んでいるので、手元に残るお金はより多くなるのも魅力です。その分譲渡益に対する税金も高くなるので注意は必要ですが、やはり「元本返済は貯金代わりだ」と実感する瞬間でもあります。

●好事魔多し――手付金詐欺の被害に遭って2500万円の損失

このような投資手法で売買を繰り返し、2022年までに95棟46億円分の不動産を取得してきました。すでに大半は売却済みですが、これまでに経験した取引の中には、ずいぶん危なっかしいこともありました。もちろん、失敗もありました。

「20億円分のアパートをバルクで買わないか?」とのオファーがあったのです。

とあるファンドが所有していたアパート群を、現在は個人投資家が保有しており、その出口として60棟を超える物件を引き受けてほしいという話でした。

それまで都心の不動産で10億円のマンションや、50億円の商業ビルなどといった物件情報はたまに来ていましたが、私にはまだ身の丈に合っていないと思っていました。

ところが、今回の話は額こそ20億円と大きいものの、ひとつひとつは数千万円レベルの賃貸物件です。これなら私が保有しても運営できるし、なんなら1棟ずつバラして売却することで利益が出せます。

仲介不動産屋からは、「杉田さんなら行ける!」とのことで、新生銀行で17億円までは金利1・2％で調達できているので、あと3億円だけ。自己資金をなんとか掻き集めるか、最悪メザニンローン（資金調達形態の一種で、通常のローンよりもリスクが高い）で金利は4％と高いけれど、新生プロパティファイナンス（新生銀行系列のノンバンク）から引っ張り、取得後に数棟を売却して打ち入れ返済するという話でした。

こうした、もっともらしいことを言われてその気になりました。仲介は日本橋の古くから営業している不動産屋で、すっかり信じ込まされてしまったのです。

かくしてこの話は詐欺でした。思い出すのも口惜しいことですが、この不動産は取得できずじまいです。結果的に2000万円の手付金と、500万円のデューデリジェンス費用（投資先の評価などを調査する費用）の領収書だけが手元にあります。

コレがポイント

☞ 順調にいっているときに魔物はやってくる
自分の身の丈、調査、確認……やるべきことを怠ると大きなしっぺ返しがくる

第1章

不動産投資の落とし穴

～悪徳業者の騙しテク～

1
「営業マンは不動産のプロだ」と思っている

●不動産会社の営業マンの多くは、不動産を買ったことがない

不動産投資を始めるにあたり、不動産会社の営業マンは物件情報を持つ大事な存在と認識している人が多いでしょう。

その認識で間違いないのですが、誤解もあります。それは不動産会社の営業マンに対して「この人はプロだ！」と思い込んでいること。

不動産会社の営業マンは不動産の販売や仲介など、不動産売買に関わるプロフェッショナルです。しかし不動産売買の仲介の経験はあれど、買った経験のない営業マンが大半です。

つまり不動産会社の営業マンはあくまで〝売るプロ〟であり、けっして〝不動産全体のプロ〟ではないのです。

これは結婚相談所の相談員が他人を結婚させるプロであっても、自身の結婚やその後の夫婦生活を幸せに送れるわけではないことによく似ています。

不動産投資つまり不動産賃貸業は買ってからがスタートです。

不動産を売るまでが専門の不動産営業マンには、購入後のことをじつはよく知らない人がほとんどなのです。そのため、売ったら売りっぱなしの無責任な営業マンも少なからず存在します。

物件を売った後で空室に悩まされようと、多額の修繕費に苦しもうと、彼らに責任はありません。仲介の営業マンは、あくまで「不動産の売買を行うための仲介業務」を行っているだけだからです。ですから、われわれ不動産投資家が不動産全体のプロになる必要があります。

また不動産会社は、売上の数字に厳しい営業会社が多いため、営業マンは常にノルマのプレッシャーを感じながら不動産を販売しています。そのため「買わないほうがよい物件」まで販売せざるを得ないこともあります。

●買ってはいけない物件を売ることも

その代表的な物件に、買った瞬間から赤字になるような新築区分マンション（マンション内の1戸）があります。新築や中古に限らず、区分マンションでも1棟アパートでも、絶対に買ってはいけない物件があります。

そうした物件であっても、自分の営業成績のために売りつけてくるのです。もちろん、「私のために買ってください」とは口が裂けても言いません。お客が買いたくなるような、買わざるを得なくなるような、それこそプロのセールステクニックを駆使します。

ですから、不動産の営業マンを「不動産のプロ」と盲信していると痛い目に遭います。このように不動産の営業にはさまざまな罠が潜んでいるのです。

ここで、具体的にどんな罠があるのか紹介しましょう。

【営業電話】

いきなり不動産会社からかかってくる営業電話は「節税や将来の年金代わりに！」など、不動産投資に詳しくない人に対して、巧みなセールストークを展開します。この営業電話から、喫茶店やファミレスなどで行う面談に進むと、かなりしつこく物件を勧めてきますので、電話口できっぱりとお断りするのが賢明です。

【知人からの紹介】

友人や知人などから不動産会社を紹介されることもあります。しかし、いくら紹介者が信用できる人間だからとはいえ、紹介先も信用できるとは限りません。その紹介先が「本当に信頼できる不動産会社なのか」は自分自身で確認するべきです。善良な紹介者が、悪徳不動産会社の営業マンに騙されている可能性もあるのです。

【異業種交流会】

異業種交流会やセミナーなどへ参加することにより、不動産の営業マンと出会い、投資物件を紹介されるケースがあります。本業の仕事以外で積極的に人間関係を構築する場所だけに、断りにくい雰囲気を利用して粗悪な物件を販売する手口です。

【デート商法】

最近はかなり減りましたが、不動産投資業界でも魅力的な異性が近づいてきて、食事やデートを重ねて仲良くなったころに投資物件を提案してくる販売法です。冷静な判断ができなくなり、不利な投資判断をしてしまう人もいます。

男性には女性営業マン、女性には男性の営業マンが担当し、男女どちらのパターンもあります。これは結婚詐欺に近いやり方で、金銭だけでなく心にもダメージを与えます。

このように、販売のプロである彼らのやり方には複数あり、セールストークに説得力があるのも特徴です。こちらに知識があれば容易に切り返せることでも、相手をプロだと思い込み信用してしまえば、赤子の手をひねるかのように契約まで進んでしまいます。

最悪なケースでは物件購入に至りますが、なかには決済ギリギリで気づいて、契約解除はできたものの、手付金（契約時に支払う金銭）が戻ってこなかった……そんな話もよく耳にします。

もちろん、世の中にはしっかりした良心的な不動産会社もたくさんありますが、悪質な会社はそれ以上にあるので、営業マンの話すことを鵜呑みにするのは大変危険です。ましてや、**すぐに仮契約したり、手付金を支払ったりするのは、絶対にしてはいけません。**

一見、プロと思える不動産の営業マンも、実際には不動産を売るだけのプロであり、不動産全体のプロではないことを肝に銘じておきましょう。

2 月々たった1万円の支払いで将来の資産が手に入る

●毎月のキャッシュフローが赤字の不動産投資はあり得ない

「月々たった1万円の支払いで将来の資産が手に入りますよ！」というのは、区分マンションを販売する会社や営業マンがよく使うセールストークです。

ここで、「月々たった1万円の支払い」の中身を説明しましょう。文字通り「月々たった1万円の支払い」ではなく、〝持ち出し（赤字の補填）が月々たった1万円〟という意味です。

3000万円の新築区分マンションを買うと、35年間のローンを金利1・5％で組んだとすれば、おおよそ月々9万円の返済になります。都心部のワンルームマンションの家賃は、新築や築浅の場合なら月額10万円くらいですから、家賃から返済を引くと月1万円くらいが残ります。

しかし、そのほかにも管理費や修繕積立金、年間の固定資産税などの支出を月額で割って約2万円の支出となれば、10万円－9万円－2万円＝マイナス1万円。これが月1万円の支払いの正体なのです。

それでも、「月1万円程度の持ち出しなら、給料から支払えるから問題ない」と納得する人もいるかもしれません。

しかし、問題は家賃が入らなくなったときです。

入居者が退居し、家賃が入らなくなった場合でも、月11万円の支出は待ってくれません。しかも悪質な区分マンション業者は、このような物件を1軒だけでなく、3軒、5軒と続けざまに買わそうとしてくるのです。

また、入退居のたびに家賃が下落していく可能性も十分に考えられます。

さらには、入退居のたびに内装のリフォームや原状回復工事（部屋を元の状態に戻す工事）、最低でもハウスクリーニングなどのコストが発生しますし、築年数が経つほどに住宅設備の故障なども起こり、大きな修繕費用がかかることもあるでしょう。

ちなみに、毎月管理組合へ支払う修繕積立金は、建物の躯体や設備の老朽化に対する修繕費用の積み立てであり、各部屋の室内の修繕工事には使えません。

不動産投資は事業ですから黒字経営が必須です。黒字経営とは、具体的に毎月キャッシュフローが得られる収支であることです。

キャッシュフローとは、不動産を所有して得られる現金収入のことです。家賃収入があり、それに対して修繕費・管理費・税金などの支出があり、収入から支出を引いた手残りを指します。不動産投資は手残りがプラスであることを目指すべきで、マイナスのキャッシュフローは絶対に避けるべきです。

3 赤字にすることにより税金が安くなる

●「節税」というキーワードには要注意

「不動産投資は節税対策になる」というフレーズも、区分マンションの販売業者がよく使うセールストークです。年収の高いサラリーマンなどに対して、「赤字にすることにより、所得税を節税しましょうよ！」などと誘ってきます。

これは本業の収入と不動産投資での赤字を相殺させて所得税の減税を図る方法で、「節税目当てだから」と、あえて赤字になるような儲からない不動産をあなたに売りつける悪質な不動産営業マンがいます。

前述したように不動産投資は不動産賃貸業という事業ですから、赤字経営はよくありません。先ほどの事例にあった「月々たった1万円の支払い」は、言い換えれば「毎月1万円のマイナスキャッシュフローである」という意味合いです。

赤字経営を続けるなかで、空室になれば月マイナス1万円が月マイナス11万円になり、さらに修繕費がかかることもあります。いくら節税になるからとはいえ、マイナスの投資をする意味はありません。

ましてや銀行から融資を受けての事業なので、**赤字になると次から追加融資が受けられなくなります。**

それでも「属性」という、その人の年収・資産背景・社会的地位などにより、銀行もその赤字を一定額までは許容して追加融資をしてくれるのですが、債務超過が属性によるプラス評価で埋め合わせられなくなると、そこで融資は完全にストップします。

もちろん、理論上では所得税を低く節税することは可能になりますが、不動産を

「事業」として見た場合には赤字経営になるので本末転倒です。一度でも、この「赤字にして所得税を節税」という路線を歩んでしまうと、その後に黒字化して利益を大きくしていきたい路線に変更するのは至難の業です。

不動産経営はあくまでも収益を得ることが目的であり、融資を受けて規模をさらに大きく拡大していきたいのであれば、目先の節税ではなく、事業を黒字で継続して、金融機関からの信用を獲得するほうが得策です。

そういう意味でも、不動産投資は赤字で運営すべきではありません。

日ごろから「税金が高いなあ……」と悩んでいる高給取りのサラリーマンにとって、この「節税」というキーワードは一見すると魅力的に感じます。しかし、それは落とし穴です。彼らの口車に乗ってはいけません。

4

サブリースはずっと家賃が入り続けるので安心

●サブリース会社が倒産しない保証はどこにもない

サブリース（一括借上げ）を過信するのも、また危険な考えです。

部屋を借り上げるサブリース契約は、借主による家賃の支払いが継続する限り、空室であっても家賃は安定して入り続けます。

しかし、サブリース会社が倒産した場合や、サブリース会社から家賃の減額を要求してくる場合もあるため、将来にわたってずっと安心とは言い切れません。

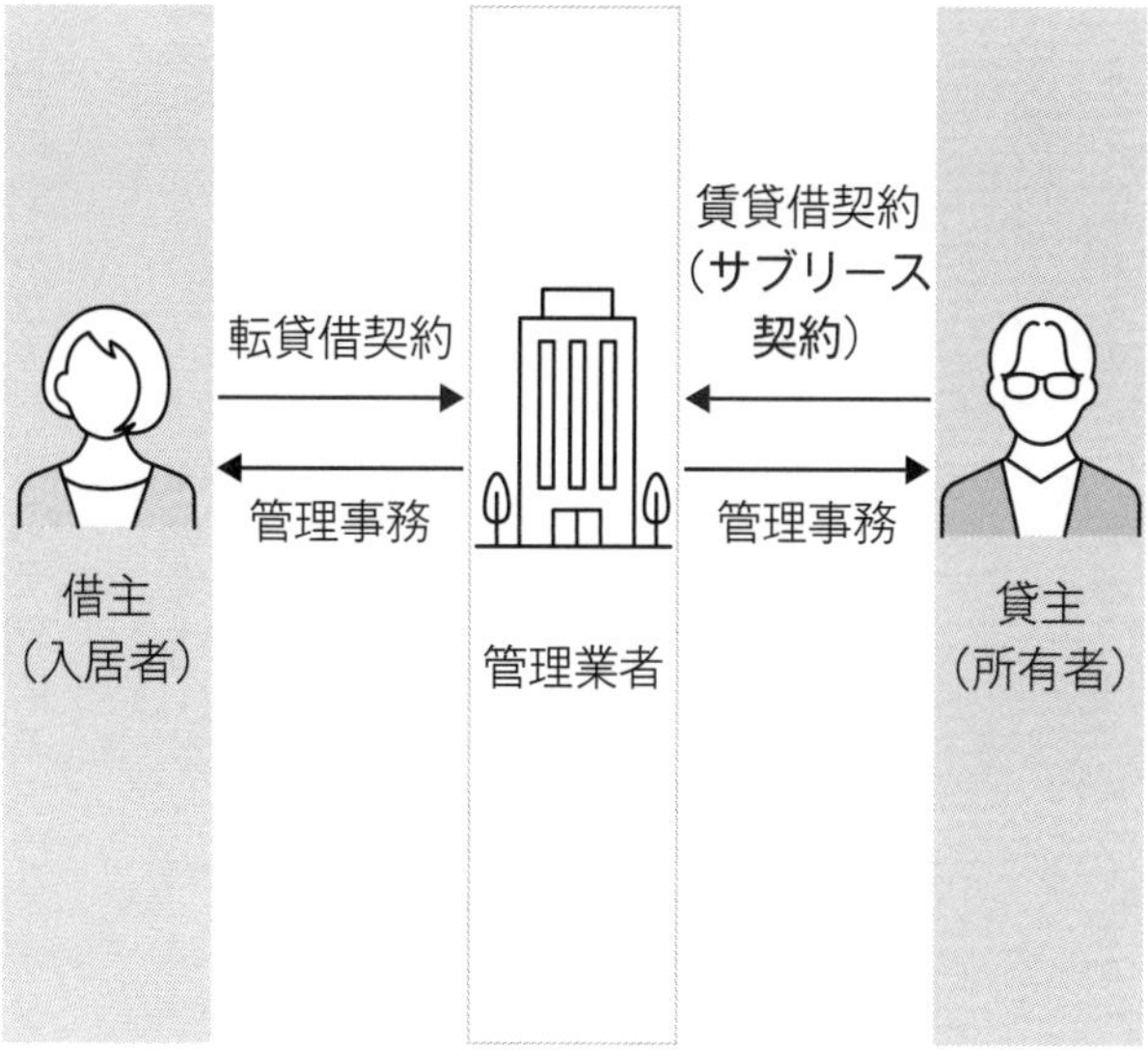

当然ながらサブリース会社も利益を追求しなければならないため、空室のリスクや家賃下落のリスクをすべて受けきれるわけではありません。

またサブリース会社の中には、アパートメーカーが自社の新築アパートをオーナーに建てさせるために、30年もの長期間にわたるサブリース契約を約束する場合もあります。

営業マンによっては「30年間ずっと家賃が下がらない」など、そもそも実現不可能なセールストークをしてトラブルに発展することが多々あります。

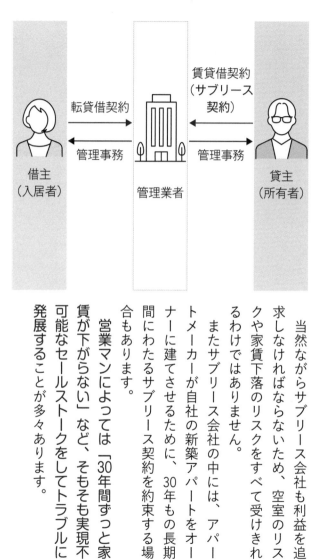

具体的なサブリース契約のリスクやデメリットには、次のようなものがあります。

【借主の支払い遅延や滞納リスク】

サブリース契約は、オーナーが不利な立場にあります。基本的に借主が家賃を支払わない場合は、オーナー側がその責任を負うことになります。また、契約書によっては支払い遅延や滞納に対する利息、それに違約金の規定がない場合もあります。

【借主の選定についての制限がある】

サブリース契約は、オーナーと不動産会社との間の契約であるため、借主の選定については、不動産会社の方針により制限がある場合もあります。借主の契約期間が短い場合や、オーナーが任意に借主を変更できない契約書が適用される場合もあります。

【手数料が高い】

サブリース契約においては、サブリース会社による管理の手数料がかかります。

【後々の所有権行使によるリスク】

サブリース契約は、家賃収入が安定するメリットがある一方で、将来的に不動産を売却したい場合にも、サブリース契約を解除できなかったり、法外な違約金を請求されたりして、大きな損失を出してしまうリスクがあります。

また、売却額自体をサブリース会社がコントロールするケースもあり、オーナーの保有期間によっては実質的に売却をさせない業者も存在します。契約内容によってはサブリース会社に売却権限自体を与えたような契約もあるくらいです。

【リフォーム費用の負担】

サブリース契約では、リフォームやメンテナンスの内容・時期をサブリース会社が制限したり、サブリース会社を通して高い額で発注したりするケースもあります。そのため、費用負担や内容についての規定が契約書に明記されているかどうかを確認する必要があります。これらをふまえ、われわれ不動産投資家はしっかりとサブリース契約の内容を確認し、リスクを最小限に抑える努力が求められます。

5 元手なしで資産がつくれる優良な投資

●販売している会社が有名だから安心とは限らない

不動産投資は、元手なしで資産がつくれる優良な投資だと信じていたら痛い目に遭います。

不動産投資は、銀行ローンを組むことでレバレッジ（少ない元手で大きな融資を受けられる）を効かせられる反面、買う物件選びを間違うと、そのレバレッジが諸刃の剣のようにあなたを襲ってきます。

もちろん数年前には「フルローン」で物件購入金額の100％までを銀行ローンでまかなえる金融機関やエリア、それに物件もありました。しかし、現段階では区分マンション投資を除いて、ほとんどフルローンがなくなりました。

●区分マンションの購入はより慎重に

区分マンションは、販売業者が一部の銀行や信販会社などと提携することにより、年収の範囲内で多くの購入者に販売して、業者側のリスク分散を図る商品です。

この手の販売業者は営業マンの巧妙なセールストークで、不動産や不動産投資に無知な素人に、儲からない物件を売り付けます。このため、安易に手を出して失敗し、後悔する人が後を絶ちません。

こうした区分マンションを販売する業者は利益率も大きいため、会社としては順調に成長を続け、上場している企業もあります。そうした会社はさらに宣伝広告にお金を投資して、ブランドイメージを高めたり集客したりしています。

そのため、販売している会社の規模が大きいから、あるいは儲かっているからいい会社と判断するのではなく、**「その会社が販売している商品は投資として儲かるのか？」で判断するようにしましょう。**

なぜなら、あなたが投資する対象は、その企業の「株式」ではなく「商品」なのですから。

なお不動産投資には、以下のようなリスクやデメリットがあります。


【空室リスク】

テナントがいない期間が生じるため、家賃収入が得られないことがあります。


【維持コストの上昇】

修繕費や管理費が予想以上にかかった場合、キャッシュフローが悪化する可能性もあります。

【利回りの低下】

経年劣化による修繕費負担の増加、家賃下落、周辺に競争力のある物件が出て空室が増えた結果、キャッシュフローが減少することもあります。

【法律関係のトラブル】

賃貸借契約、それに建物管理に関する法律問題やトラブルが生じた場合、コストが発生する可能性があります。

以上のようなリスクやデメリットへ対処するには、不動産投資に対する正しい知識や、慎重な投資計画が必要となります。

また、リスク分散のために複数の物件を持つことや、物件選びは慎重に検討する必要があります。

6 定年退職後の年金になる

●返済額が少ない長期ローンに騙されるな

「定年退職後の年金として、不動産投資を始めませんか？」というのも区分マンション販売業者がよく使うセールストークのひとつです。

少し前に「老後2000万円不足問題」が取りざたされましたが、定年退職後や老後の資金面での不安をあおり、たいして儲からない区分マンションを販売する手法です。

ローン期間も最長40年などの長期間にわたり、返済期間を引き延ばすことによって、現在の毎年の返済額を低く見せかける悪しき販売方法です。

長期ローンになると、それだけ建物は老朽化していきます。40年後に借金を無事に完済し終わったとして、その建物にはどれほどの価値があるのでしょうか？

当然ながら古くなった設備を入れ替えたり、傷んだ個所を修繕したりするためのコストも発生するでしょう。

「区分マンションなら毎月積み立てる〝修繕積立金〟があり、老朽化した個所の修繕はその積立金から拠出すればよいのでは？」と思われるかもしれません。

しかし、修繕積立金は、共用部の修繕に使用されるお金であり、あなたが取得した区分の室内を修繕することはできません。

●老朽化のリスクを言わない営業マン

もちろん一棟物件であっても、この「古くなると修繕費がかかる」という点では、まったく同じです。

しかし、概して一棟物件のほうが収益性も高く、手に残る利益の額は一棟もののほうが多くなります。そのため、積みあがった利益、キャッシュフローの中から修繕費を負担することができます。

投資では、時間を味方につけるのが常識ですが、区分マンション投資のように儲からない不動産投資では長期運用が仇となり、つまり時間が敵になることもあるのです。

とくに**不動産は、金融商品とは異なり現物の資産ですので、時間の経過とともに老朽化していくリスクは避けて通れません。**

したがって、区分マンションに限らず「儲からない物件は買わない」という選択が大切です。

不動産投資は事業であり、将来に得られるかどうか定かではないキャピタルゲイン（売却）に期待するよりも、取得した時点から常に黒字で運営できる物件を選びましょう。**不動産投資は「小さく生んで大きく育てる」のがコツ**なのです。

第2章

物件購入の落とし穴
～こんな物件を買ったらもうおしまい～

7 ワンルームマンションはお手頃

●危険だらけのワンルームマンション投資

少額の自己資金で購入できることから「ワンルームマンション投資はお手頃!」というプラスのイメージもありますが、それはあくまで表向きです。第1章で解説したとおり、新築区分マンション投資（ワンルーム投資）は非常に危険で、投資対象としてはオススメできません。

実際には投資家にとってさまざまな問題が潜んでいる可能性があります。最近は価格が高騰し、それに伴ってローン年数をむりやり延ばしている人が増えています。

そうすることで利益が出るように見せかける、または「毎月たった1万円の赤字」を負担すれば購入できるように見せかけています。

ネットニュースや動画などで、「不動産投資は危険！」「不動産投資は儲からない！」など、不動産投資に対してマイナスの印象があるのは、このワンルーム投資が大きく影響しています。

●実際には数百万円の赤字

もちろん、ワンルームのすべてが悪いわけではありません。高く買わされてしまうことがよくないのです。儲からない新築ワンルームを買ってしまった末路といえば、傷の浅い人でも残債と同じ価格（借金がゼロになる売価）での売却がせいぜいです。

しかし、**多くの人は買った値段より下げなければ売れず、売却しても借金が残ります**。そこで数百万円の持ち出しをして売却をすることになります。これは完全に損切りです。

もっと厳しいケースだと借金が払えなくなって破綻するケースもあります。なかには家族にナイショで物件購入をして、大きな借金を背負って払えなくなる事態となり、家族に愛想をつかされて離婚、一家離散……という最悪な状況に陥ることもあります。

●不動産投資家から情報を得る

そうならないためには十分な情報収集を行うこと。投資はリスク管理や物件選びのスキルが大きなポイントです。投資家自身の経験やスキルを向上させる努力が必要ですし、専門家のアドバイスを受けることも有効です。

不動産投資家との交流も有効です。**不動産投資家が集まる交流会やセミナーに参加したり、不動産投資家向けのコミュニティに参加したりすることで、投資に関する情報やノウハウを得られます。**また、不動産投資家との交流を通じて、自分自身の投資に対する考え方を深めたり、モチベーションを高めたりできます。

8 ボロ戸建て投資は最初の一歩に最適

●リフォームして高く売るのは可能か?

戸建て投資とは、安く販売されている空き家を購入して、なるべく低コストでリフォームして貸家として運用する手法です。

融資のハードルがある状況で「投資額の小さなボロ戸建て投資は、最初の一歩に最適!」と考える人も多いようですが、それもまた大きな誤解です。

戸建て自体は新築区分マンションや一棟アパート・マンションに比べて安いのも事

実ですし、たしかに戸建て投資で成功している人はいます。

空き家を数百万円、場合によってはタダ同然で買ってDIYでリフォーム費用を抑えた修繕をして高利回り物件に仕上げる投資手法もあります。

こうした情報を聞きかじって「戸建てを安く買って、リフォームして儲けよう！」と望んでいる人は増えていますが、ここにも大きな落とし穴があります。

●リフォーム途中で断念してしまう人も多い

そもそも安く買える戸建てはかなりボロボロの空き家です。そのままでは人が住めるような状態ではないからこそ安いのです。そしてボロすぎる家を買ってしまうとリフォーム費用は青天井。下手をすれば購入価格以上の費用がかかってしまいます。

なんとかリフォームを済ませて貸し出しできればキャッシュフローを得ることができますが、お金がなくて、リフォームを途中で断念してしまう人も多いのです。そんな失敗話がYouTube動画でアップされていますし、どうしようもない状態で売りに出されている物件もたまに見かけます。また、どうにかボロ家を直すことができたとしても、かかった費用が高すぎればまったく儲からないでしょう。

では、どうすれば戸建て投資で成功できるのでしょうか？

まずは、しっかりと調査をするのが大事です。不動産会社の営業マンが口先だけで言うことを信じず、自分の目で建物の状態を確認します。また、リフォームにかかる費用をきちんと調べて、適切な価格で物件を購入すべきです。

そして、最低限の修繕で商品化が可能であれば、売却もひとつの方法でしょう。売却価格が投資額を上回れば利益を出すこともできます。

とにかく不動産投資においては、物件のキャッシュフローを重視することが大切です。そのためには、取得費用とリフォーム費用を最小限に抑えるのが肝心です。

安いからと安易にボロボロの家を買ってリフォームするのは、投資初心者にはオススメできません。

9 田舎の高利回りアパートを狙う

●高利回り＝ハイリスクと心得る

不動産投資において、高利回りの物件を狙うのは重要です。

ただし、高利回りはハイリスクの裏返しでもあります。前項のボロボロの戸建てと同様に、初心者が安易に高利回り物件を狙うと、落とし穴にはまる可能性が非常に高くなります。

まず、高利回りアパートは地価の高い大都市の都心部にほとんどありません。地価の低い郊外や地方、田舎であることが多いのです。

「利回りが高い＝物件価格が安い」ということですが、前項のボロ戸建てと同じで「安くしなければ誰も買わない物件だから安い」のです。

地方の場合は建物の状態よりも賃貸ニーズによるところがあり、田舎に行くほど賃貸ニーズは減り、入居者がまったく付かないおそれもあります。

そこで田舎の高利回りアパートを狙う際には、3つのポイントを押さえることが重要です。

【落とし穴回避策①】
大学移転後の学生街や元企業城下町などは避ける

少子高齢化の波は住宅産業だけでなく、大学にも大きく影響を与えています。とくに不便な郊外や地方の大学は人気がないので、キャンパスをより都心に移転する動きがあります。

一般的に学生街は、学生需要を見込んでアパートがたくさん建っています。大学が移転した後には賃貸経営を継続するのが難しく、「安くてもいいから売却したい」というオーナーが多いため、割安な高利回り物件が出回るケースも多いのです。

これは企業移転も同様です。いくら安くても、賃貸需要のない地域で不動産投資をするのは難しく、避けたほうがいいでしょう。

【落とし穴回避策②】入居者にとって魅力的な物件を提供することが必要

入居者にとって魅力的な物件の条件は、どんな入居者が住むのか、また、その地域の特性によっても変わります。

たとえば、地方で一家族に複数台の自動車が必須であれば、駐車場は2台以上の物件が魅力です。

また、都心であれば20平米に満たないワンルームにも賃貸需要はありますが、地方であれば、30平米以上ある単身向け物件が魅力ということもあります。

このように、その地域の入居者のライフスタイルに合わせた物件が競争力を持ちます。

そのほかにもエレベーターやオートロックなど便利な設備があると、入居者からのニーズを取り込むことができます。

周辺環境なら駅や商業施設、公園などが近くにある物件は入居者からの評価が高くなります。ただし車社会では、駅よりも道路の便利さが重視されることも多々ありますので、その地域では〝何が魅力なのか〟という需要を知るのがポイントです。

【落とし穴回避策③】
地域の事情に明るい不動産投資家からアドバイスを受けることも有効

昨今の不動産価格の高騰から、自宅に近い物件や地縁のある物件だけを探しても購入することが難しいでしょう。

とくに東京を中心にした首都圏、大阪を中心とした関西圏では物件探しをしても「高すぎて購入できない……」という場合がよくあります。

そこで、投資対象を広げていくことになります。たとえば東京在住であれば、千葉・埼玉・神奈川までエリアを広げても買えないので、群馬・栃木・茨城などの北関東や、山梨・静岡までエリアを広げて探すイメージです。

地方になればなるほど高利回り物件はありますが、①や②を押さえないと購入後に苦労することになります。

田舎の高利回りアパートを狙う際には、入居者の要望や物件の魅力、そして地域の事情をしっかりと把握すること。また、不動産投資はリスクを伴うので、適切な情報と判断力をもって取り組むことが必要です。

そこで重要になるのは情報収集です。**地元の賃貸事情に詳しい不動産投資家仲間などからアドバイスを受けるのが有効**です。

ただし、**話を聞くのは「現役のプレイヤー」に限定**しましょう。いくら著名な投資家でも、市況がまったく違う時期に購入していれば、その情報は参考になりません。

また、繰り返しになりますが、不動産会社の話を鵜呑みにするのは危険です。

10 再建築不可の物件は穴場

●リスクを見極めることが肝要

「再建築不可の物件は安く手に入るため、投資の穴場」と言われることもあります。[※1]

再建築不可の物件とは、建築基準法で定められた「幅員4メートル以上の道路に2メートル以上接していなければいけない」という、接道義務を満たしていない土地に建っている物件のことです。

安い価格で売られているのは、既存の建物を壊してしまった場合、再び新たな建物を建てられないからです。それゆえ金融機関からの物件評価は低くなり、融資が得られにくい。そうなると売却時にも当然、購入できる層が狭くなってしまいます。

取得価格が安いと、その安さにつられて投資する人も少なくありませんが、その抱えるリスクをしっかりと把握、理解できているかは重要です。

再建築不可の物件に投資する際は、2つのポイントを押さえておきましょう。

【落とし穴回避策①】

リスクをしっかりと理解すること

再建築不可の物件は、建て直しのできない物件や、土地の形状に問題がある物件などが多いため、リスクを理解したうえで投資することが必要です。リスクをしっかりと理解するために情報収集し、建築基準法改正内容についても調べましょう。

【落とし穴回避策②】

リスクを十分に織り込んだ価格で取得すること

再建築不可の物件は取得価格が安いため、購入時に投資のメリットを判断し、リスクとリターンのバランスをとる必要があります。

ただし、取得価格によっては投資メリットもあります。具体的には、物件価格の絶対額が小さければ大きなリスクにはならない可能性があり、融資を使って買うような金額になるとリスクは高くなります。

また、不動産業者の中にも「現状は再建築不可物件ですが、一定の条件を整えたら再建築が可能になるため価値がはね上がります！」などと言って、価値の乏しい再建築不可物件を高く売りつけようとする者がいるため注意してください。

再建築不可の物件はリスクが高い投資対象であることも多いですが、それでも適切な情報収集と判断力を持って取り組めば、収益を上げられる可能性はあります。リスクと収益のバランスを考慮し、冷静な判断を行うことが重要です。

※1 再建築不可の土地の例

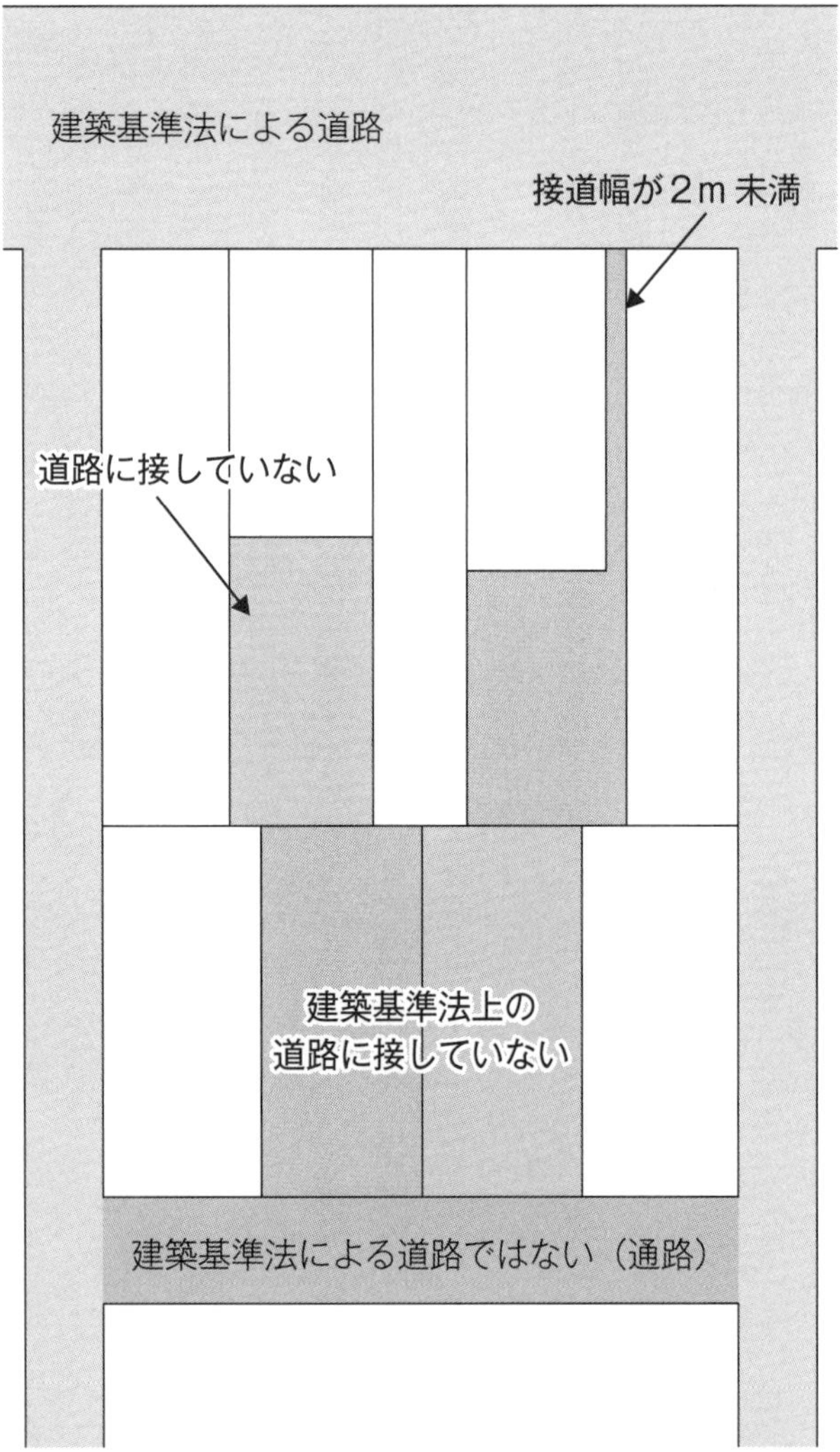

11 土地から新築にチャレンジは投資の王道

●施工途中で建築会社が倒産したらどうするか

不動産投資にはさまざまな種類がありますが、自分で土地から探してアパート・マンションを建てる新築一棟は、初心者にはハードルが高い投資方法です。それでも、不動産投資の醍醐味がありますから、初心者でもチャレンジする人もいます。ここでは土地から新築にチャレンジする前に、必ず知っておきたいことを見ていきましょう。

最たる例が、施工を担当する建築会社（工務店）の倒産です。そもそも新築は木造でも8〜10か月、RCでは1年以上かかり、その途中で施工会社が飛ぶ（倒産する）ケースも少なくないのです。新築はまず土地を購入します。建物の支払いは「工事請負契約時」「着工時」「上棟時」「引き渡し時」といったタイミングで発生します。

一般的に着工時、または契約時・中間（上棟時）・引き渡しの3回に分けて支払うケースが多いのですが、怖いのはお金を払ったにもかかわらず施工会社が倒産すること。工事は中途半端で資金も失い、まさに窮地に立たされます。そこで、土地から新築にチャレンジする際は、**建築会社倒産などのリスクを理解したうえで建築のプロに依頼することが重要です。**

建築のプロに依頼するためのポイントとしては、**実績のある建築会社を選び、建築士や設計士など専門家のアドバイスを得ましょう。**

ただし、広告ばかり上手な悪質業者も存在するため、ホームページや広告の文言だけで判断するのは危険です。しっかりとした経験者に聞くことが大切です。また、契約内容をはじめ、完成予想図や工程表を確認するのも重要です。進捗状況を常に確認する、また施工店が保険に加入しているのかを確認する必要もあります。

12 地方のRC一棟マンションは融資に有利

●RCマンションの不動産評価は高いけれど……

不動産投資では銀行融資が大きな課題です。

そもそも、レバレッジを効かせられるのは不動産投資最大のメリットです。これを目的に不動産投資を始める人も多いのです。ただし、誰でもレバレッジが使えるわけではなく、銀行融資を受けるためには、前述した自分の「属性」、それから「銀行評価の高い物件」の選定が大切です。

銀行評価には大きく分けて次の2種類があり、多くの銀行はその両方を見ます。

【収益還元評価】

対象物件から将来的に生み出されるであろう利益をベースに、不動産価格を求める評価方法です。

1年間の純収益 ÷ 還元利回り ＝ 不動産価格（収益還元価格）

【積算評価】

土地の価値と建物の価値をそれぞれ別に評価して、それを合算する評価方法です。

土地の積算評価＝敷地面積×路線価

建物の積算評価＝建物延床面積×標準建築費÷耐用年数×（耐用年数－築年数）

金融機関により「収益還元評価」と「積算評価」の比重の置き方や評価の計算式が変わるため、「A銀行ではフルローンが出るけれど、B銀行では出ない」といったことも起こります。

また、市況によっては融資が使いにくいタイミングや、逆に積極的に融資が使えるタイミングがあります。現在は融資が使いやすい時期ではありません。

そこで不動産投資家は、どうしたら融資が受けられるかを考えます。

地方のRCマンションは都心の物件に比べて積算評価が出やすいため「融資に有利」と言われています。しかし、地方のRCマンションを選択するのは、大きな危険が伴います。というのも、RCマンションの老朽化が進めば、維持するためのコストはもちろん、解体時は木造に比べて多額の費用がかかります。リスクを最小限に抑えるためには、建物の状態や将来性をしっかりと検討することが必要です。

●多法人スキームは違法ではないがグレーな方法

また、かつての多法人スキームで地方RCマンションを購入して失敗した投資家も散見されます。多法人スキームとは、複数の法人を使って資金調達を行い、その資金を投資に回すことで利益を得る手法です。一物件一法人にしたり、一金融機関一法人にしたりと、複数法人があることをナイショにして債務隠しを行うため、この手法は銀行を騙す行為になります。

「聞かれないので答えなかった」と反論する人もいますが、「嘘はついていないいけれど、本当のことを言っていない」グレーなスキームです。

過去には多法人スキームによって、投資家が大きな損失を被った例もあります。その損失の原因になっているのが地方の中古RCマンションです。積算評価は高くても空室が多く、運用コストも高ければ、よほど値下げをしなくては売却できません。

また、積算評価が高いということは土地面積や建物の面積が広く、駐車場・駐輪場・ゴミ置き場やエントランスなど、管理すべき共有部分も多いのです。

地方のRC1棟マンションには多くのリスクが伴いますが、正確な情報収集や専門家のアドバイスを受け慎重に判断することで、リスクを最小限に抑えた投資が可能です。投資を行う際には自身のリスク許容度を把握し、十分な準備をして臨むことです。

第3章

リフォームの落とし穴
～コストカットでリスクが倍増～

13 DIYリフォームでコストダウンは可能

●本当に自分でリフォームできますか？

リフォーム業者に発注するのではなく、DIYで激安リフォームするのが一部の投資家の間で流行っています。不動産投資初心者にとって、「DIYで激安リフォーム」はコストを抑える観点では魅力的に感じるかもしれません。

今はホームセンターで便利な材料や道具が手に入りますし、YouTubeの動画ではDIYのやり方もたくさん出ていますから、見よう見まねでやってみる人もいます。

しかし、素人が工事をするのは思わぬ失敗につながります。効率が悪く、時間や費用がかかってしまうことによる機会損失に加え、結局やりきれなくて放置するハメになっている人が後を絶ちません。

プロであれば1週間で終わる工事を、素人がやれば1か月かかることもザラです。そもそも時給単価で換算したら決してお得な手法ではないとわかります。

しかも、会社員だから週末しか作業ができない場合、週2日間の作業になると3か月以上もかかります。貴重な週末を犠牲にして3か月以上空室状態が延びたうえ、仕上がりはプロには到底及びません。

仮に、1週間で終わる工事が20万円だったとします。自分でやれば材料費の10万円で済んだとして、「半額の費用で済んだ!」と喜んでいるようでは、経営者としては甘いです。

1週間で終わり、その翌月に入居がついて家賃5万円が入るとなれば、自分で工事をして、材料費10万円に加えて、プロの工事よりも3か月余分に工期がかかったとすれば、家賃3か月分・15万円の損失です。

・リフォーム業者　計20万円

・DIY材料費10万円＋機会損失の家賃15万円＝25万円＋自身の労働力31日

どう考えてもDIYでコストカットができたとは言えないでしょう。

もちろん、リフォーム業者に依頼できる資金のない人はDIYでするしかないですし、ヒマで時間に余裕がある人、またDIYや日曜大工の経験がありプロ並みとは言わなくても、ある程度の作業ができる人ならチャレンジしていいかもしれません。

しかし、ほとんどのサラリーマンは時給に見合いません。**リフォームコストを圧縮する方法はほかにも多くあるので、わざわざ自分で費用対効果の低いDIYをしなくてもよい**でしょう。

リフォーム業者へ依頼するにあたり、相場も何もわからなければ、その見積もりが高いのか安いのかを判断できません。その意味では自分でDIYを経験する考え方もありますが、大家仲間や経験者などに相場を教えてもらえばよいでしょう。

14 アイミツを取れば費用を下げられる

●リフォーム会社の見積もり額だけで判断してはいけない

見積もりは、工事を発注する前に「どんな作業や材料が必要で、その金額や工期などを記した書類」です。複数社から見積もりを取ることを相見積もりといい、それを略して「アイミツ」と呼びます。

たとえば、同じような内装リフォーム工事でもA社が高くてB社が安く、C社がその真ん中ということがあります。このように複数のアイミツをとって、もっとも安い

複数社の見積もりを比較

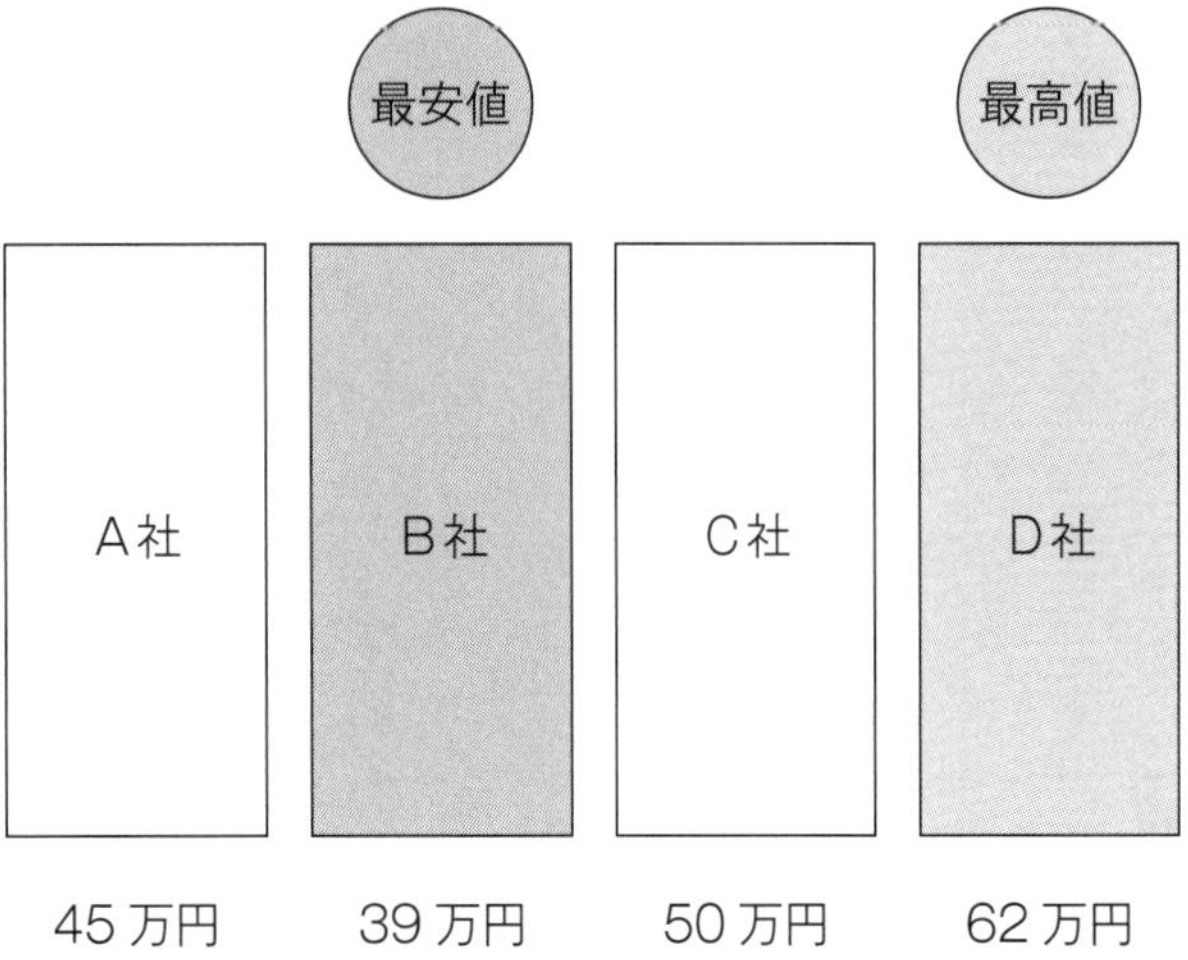

ところに発注するのが、「アイミツを取って工事費用を下げる」というやり方です。

不動産投資の指南書には、「最低でも3社からアイミツを取るように」と書かれています。実際にアイミツを取ってみると、各社により金額がバラバラで驚かされることがあります。「それならどんどんアイミツを取って、もっとも安いリフォーム会社に発注すれば工事費が浮くだろう！」と考えますが、それが大きな落とし穴になる可能性があります。

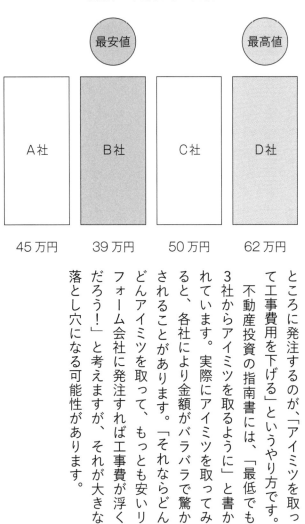

アイミツを取ることは、安く工事をするための常とう手段のひとつですが、そのやり方によってはリスクがあります。詳しく見ていきましょう。

【追加工事が発生して結局高くつく】

相見積もりで、もっとも低い金額だからといって安いとは限りません。最初の見積もりだけ安く、結局は追加工事が発生して逆に高くつく、というケースも多いのです。

相見積もりを取る際は、必要な工事がきちんと入っているか確認しましょう。また、金額を比べるためには、工事の内容や条件を各社で揃える必要があります。さらに追加費用がかかる場合には、その理由や金額について十分に確認しましょう。

【粗悪な工事で、手抜きをされる】

投資家側はコストを抑えたい思いでアイミツを取り、もっとも安い業者にリフォーム工事を発注しますが、もっとも安い業者＝悪質な業者である可能性もあります。低い金額でしか受注できないため、手抜き工事や粗悪な原材料（ときには解体現場から拾ってきた廃材を流用されるケースも）を使われたり、安い賃金を求めてプロでもない学生アルバイトに施工させたりと、発注者側の不利益につながるケースもあります。

【経営状態が悪い】

そもそも他社より低い金額で仕事を請け負うのは、それだけ「経営がひっ迫している」可能性もあります。アイミツは「値段」だけに注目するのではなく、相見積もりを取る際に、まず業者の実績や評判を確認することが大切です。

なお、相見積もりで安くなっている理由に、「余った材料を使うので材料費が安い」「工期をズラして繁忙期を外すため安い」など正当性があるものもあります。

相見積もりは工事費を抑えるためには有効な手段ですが、正しいやり方を知って正しく運用しなければならないため、業者の実績や評判、契約書の内容について十分に確認し、リスクを避けたうえで工事を依頼するようにすべきです。リフォーム業者に言われるがままの取引は大変危険です。

15 設備・機器の施主支給はおトク

●不具合の原因は製品なのか、施工なのか

施主支給とは、リフォーム工事において大家さんや施主が自分で材料や設備、機器を購入し、それを施工業者に渡して工事を依頼する方法のことです。本来は業者が仕入れて取付設置を行うところ、自分で仕入を行うことで費用を安く抑えられます。

仕入れるものは、キッチンや換気扇、洗面台、エアコンといった住宅設備で、同じメーカーの商品でもインターネットで探せばかなり安く手に入る場合があります。

また、ＩＫ○Ａの商品やメイド・イン・チャ○ナ製品など、安くてデザイン性の優れた設備を入れるケースもあります。

不動産投資家は、できるだけコストを抑えたいと考えます。ただし、ネットで安く販売されている安価なものは品質が悪いことも多く、またサイズの間違いや納品ミスもあるため、トラブルが発生する可能性が高くなります。

とくに安い家具はパルプ素材のものが多く、搬入時で雨に濡れたら紙が水を吸って膨張してしまうトラブルもあります。購入時は見た目が遜色ない場合もありますが、これが数年経つと経時劣化がひどく、「結局は長持ちしないぶん2倍もコストがかかった……」などの失敗事例が多数あります。

●「施主支給」はトラブルに発展する可能性が高い

リフォーム業者が材料も施工も手配するのであれば、施工後に不具合があった場合、それが製品に問題があるのか、それとも施工の問題なのかにかかわらず、すぐに対応してくれます。ところが施主支給の製品に問題が起こった場合、メーカーと業者それぞれの対応を自身でしなければいけません。

たとえば、ある大家さんがネットで見つけた安いメーカーのキッチンを施主支給で購入し、それを取り付けてもらったとします。しかし、あとで「キッチンの扉が開けにくい！」などのトラブルが発生した場合、製品としての品質が悪いのか？それとも取り付け施工の技術が悪かったのか？という2つの要素が絡み合っているため、トラブルの責任の所在が明確でなくなります。

最悪の場合、メーカーは施工不良の可能性を指摘し、施工業者は製品の不具合を指摘し、お互いに責任を押し付け合ったあげく補償が受けられず、解決が困難になることすらあります。

このようにリフォームの「施主支給」は、トラブルに発展する可能性が高いので初心者にはオススメできません。とくに業者から嫌がられるのは、「安くなるからといって、なんでも施主支給にしようとする」「支給された材料が足りなくて施工できず、工期に影響する」の2点です。

それでも施主支給をしたい人は、どんなことに注意すればよいのでしょうか？

まず、サイズや納品ミスには十分に注意すること。安価なものには品質が悪いものも多いので、レビューなどを読んで事前にしっかり検討します。

商品を購入する前には業者さんに相談して、必ず施主支給が可能な商品かどうかを確認しましょう。エアコンや照明など、家電量販店で買えるものを施主支給する分には了解してくれても、キッチンや洗面台、ユニットバスを入れたいとなれば、前述した施工責任の観点から断られるケースもあります。

本体とは別に取り付けに必要な部品や部材が足りているかの確認も大切です。洗面台であれば、洗面器や蛇口の場合なら給水管や排水管、トラップなどです。不足していたら手配する必要があります。そのうえで施主支給をしたほうが割安なのかを確認する必要があります。

結論、取り付け費を含めてすべてを合計したら、施主支給のほうが結局は高くつくこともあるのです。

16 分離発注でリフォームをコントロールする

●工事をコントロールできる経験やスキルがあるなら分離発注

リフォームを行う場合、発注の方法には「一括発注」と「分離発注」があります。不動産投資ではなるべく安くリフォームしたいため、つい安易に「分離発注」しようとする大家さんも多いのですが、初心者にはハードルが高いので注意が必要です。

一括発注と分離発注、それぞれのメリット・デメリットを検討してみましょう。

【一括発注】

一括発注では、すべての工事をひとつの業者に発注するため、手続きや手間がかからず、素人の施主には楽です。その反面、費用がブラックボックス化されて内訳がわかりにくいし、何社も挟むため、各社の利益分が上乗せされてトータルの工事費が高くなるものです。

また、複数業者間での競争も生まれないため、コストはすべて施主である不動産投資家にチャージされるデメリットがあります。

【分離発注】

工事を複数の業者に分けて発注する方法です。分離発注の場合は大家さんがディレクターになり、複数の業者に指示伝達しなければならず、その煩雑さがあります。

とくに工事の品質やスケジュール管理をきちんと把握して、適切に指示が出せるような経験やスキルがなければ、大きな工事は回せないでしょう（小さな工事なら素人でも可能ですが）。

分離発注のメリットは、費用面でのコスト削減が期待できること。各業者が得意とする分野に特化して工事を行うため、工事の品質を向上させる可能性が高くなります。しかし、各業者が責任を回避するために、責任の押し付け合いになる可能性もあり、事前に契約書や細かい取り決めをしっかりと行う必要があります。

とくに多いトラブルは、各業者の手配の順番です。たとえば、大工さんに先に発注して壁を作ってもらったあとに、電気業者さんや水道設備業者さんに施工を発注したら、せっかく作った壁をまた壊して施工して、と二度手間になります。これを避けるためには完ぺきな工程表が必要となり、素人ではこの作成や運用は難しいです。また、現場での判断や調整することも多いため、現場監督ができるレベルに入り込まないと分離発注は難しいのです。

分離発注は不動産投資のリフォームにおいて、使い方によっては費用削減や工事の品質向上が期待できる方法です。

しかし、投資初心者が作法もわからないままやると、泥沼にはまる可能性が高く、注意が必要です。

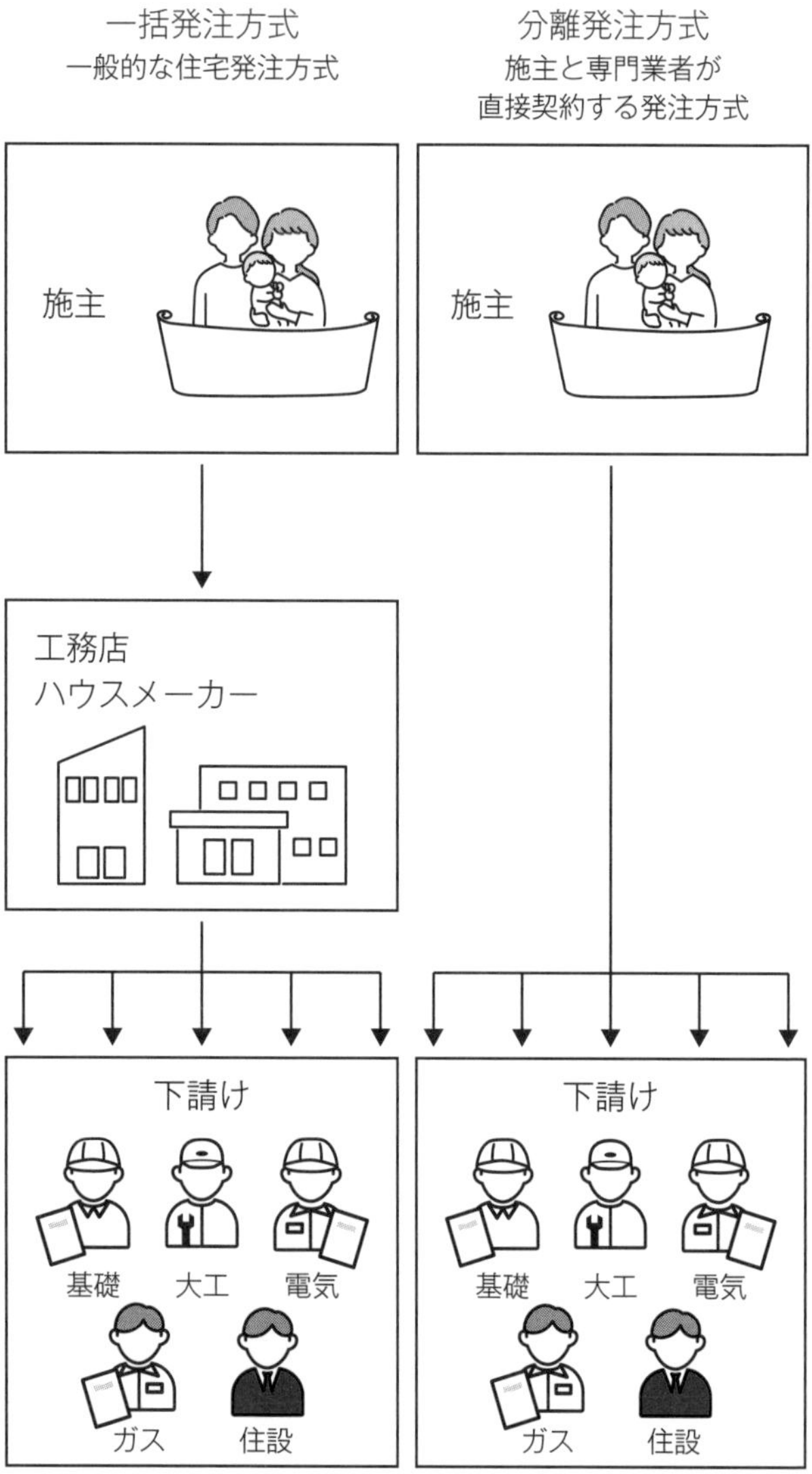
一括発注方式
一般的な住宅発注方式
分離発注方式
施主と専門業者が
直接契約する発注方式
施主
施主
工務店
ハウスメーカー
下請け
基礎
大工
電気
ガス
住設
下請け
基礎
大工
電気
ガス
住設

17 プロパンガス会社のサービスはオイシイ

●アパートオーナーへのキャッシュバックも

「プロパンガス会社を使って、いろいろなサービス供与を受ける」

こんな情報が飛び交っているかもしれませんが注意が必要です。

プロパンガス会社は競争が激しく、「何としても契約を取りたい！」下心があるので、あれこれと提供してくれます。

最近ではエリアによって、まったくサービスがない地域（関西や北陸など）も出てきていますが、全国的に見るとまだまだサービスの人参を目の前にぶら下げて契約を誘引する会社は多いようです。

たとえば、給湯器の無償貸与やその取り付け工事費の業者負担は当然で、それ以外にもエアコンをプレゼントしてくれたり、なかには現金を施主にキャッシュバックしてくれたりするプロパンガス屋までいます。

●高いガス代は入居者が負担することに

これらのサービスを提供するためにかかるコストがガスの利用料金に反映されるのは当然です。そのため、入居者から高い光熱費に不満を訴えられるケースや、中には「ガス料金が高すぎる！」と入居者が退去してしまうこともあります。

業界として過剰なサービス提供で契約を誘引する行為について、経済産業省からも指摘が入っています。

第4章

空室対策・物件管理の落とし穴

～放っておいたら損するばかり～

18 管理会社に丸投げでラクラク

●多種多様な管理業務

初めて物件を所有したときやサラリーマン大家のように忙しい人は、物件の管理を管理会社へ頼む人がほとんどでしょう。

しかし「不動産を買ったら管理会社に丸投げして通帳確認だけすればいい。なにしろ不動産投資は不労所得だから！」という考え方は、すでに死語となっています。

管理会社は不動産オーナーの代理として賃貸物件の管理業務を行う会社であり、入

【管理会社の業務】
●建物管理：定期清掃、共用部分（電気設備・給排水設備・エレベーターなど）の保守点検、修繕手配
●賃貸管理：入居者募集、契約業務、家賃集金の代行、滞納時の対応、入居者対応
【管理会社の種類】
●大手：アパマンショップ、ミニミニ、エイブル、大東建託リーシングなど
●地元大手：地元で多店舗展開している管理会社
●個人経営：個人で経営している街の不動産会社が管理も行っているケース

居者募集・家賃回収・入居者からのトラブル対応・定期的なメンテナンスや修繕・退去時の立会いなどもしてくれます。

有名な管理会社では、「アパマンショップ」「ミニミニ」「エイブル」「大東建託リーシング」など多数のチェーン店があり、このような管理会社へ依頼すれば、オーナーの手間やストレスを軽減することができます。

しかし、これらの管理会社に丸投げして放置しておけばいいというものではありません。そもそも管理会社は1人の社員が500～1000室以上を管理しています。とても忙しく、ひとつの物件ごとに目が行き届きません。

そのような背景もあり、長らく空室のままになっていたり、適切な修繕がされていなかったりすることもあります。

適切な修繕が行われていないというのは、最低限行うべき原状回復工事の手配が遅くて機会損失をしているケースもあれば、むしろオーバークオリティともいえる修繕がされて、本来なら払わなくてもいい高額なリフォーム費用が請求されるケースもあります。

ですから、私たちオーナーは日ごろから自分の物件を丁寧に見て、管理会社の動きや作業状況なども確認・チェックしていく必要があります。

加えて募集広告費（入居募集のための広告費用）などの募集条件を、どのように設定していくかも判断しなくてはなりません。ある意味で**不動産オーナーは「判断業」「決断業」とも言える**でしょう。

管理会社の役割

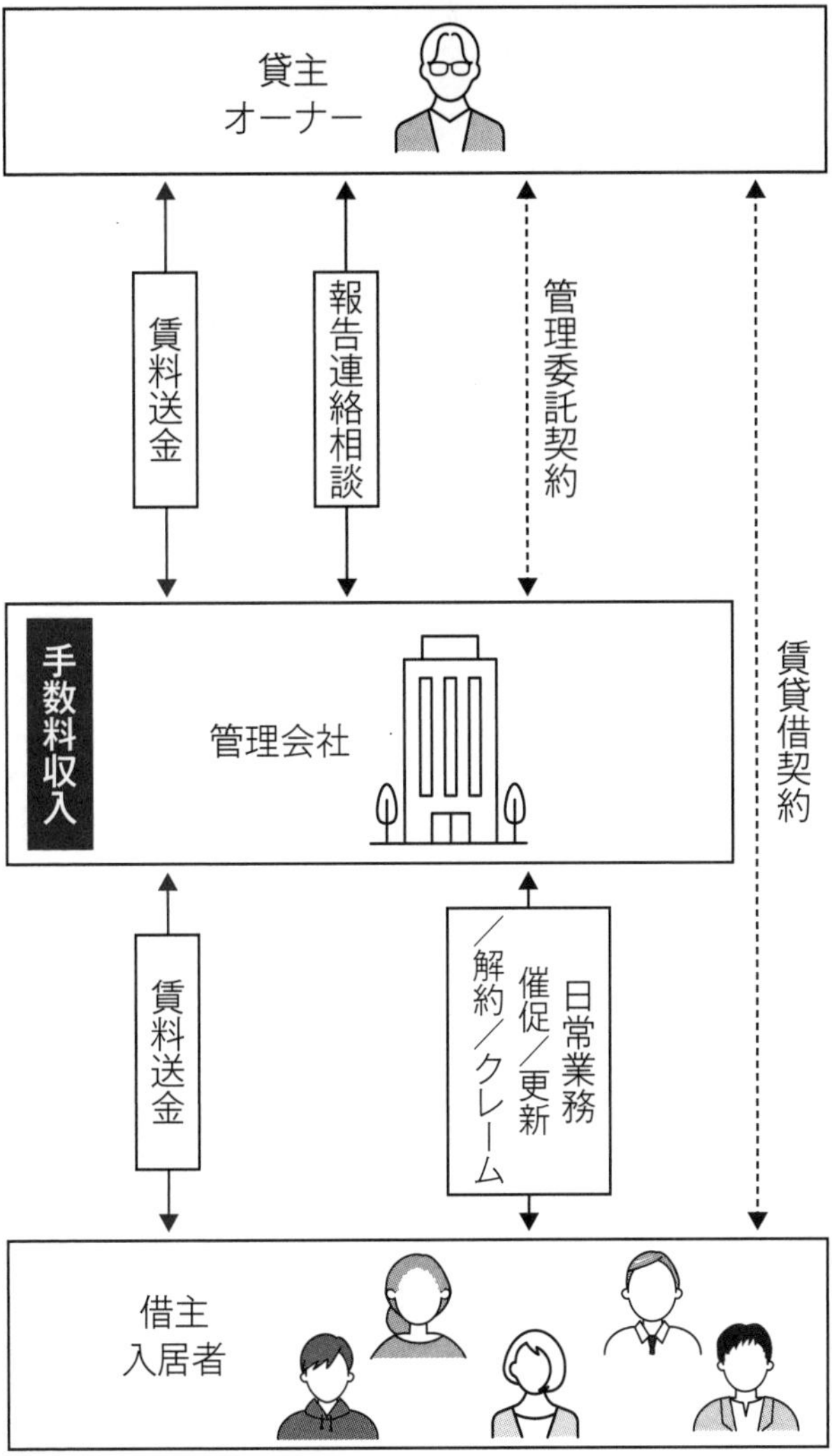
貸主
オーナー
賃料送金
報告連絡相談
管理委託契約
手数料収入
管理会社
賃貸借契約
賃料送金
日常業務
催促／更新
／解約／クレーム
借主
入居者

●管理会社は現場監督でありビジネスパートナー

管理費を支払っているからといって「俺はオーナーだ！」「お客だ！」と上から目線になってはいけません。そんな横柄な態度で接すると、管理会社から嫌われてしまいます。

管理会社はオーナーの物件管理をしてくれる会社ですが、決して下請けの位置づけではなく、ビジネスパートナーとして対等の立場で接し、所有物件の問題点や改善点などを一緒に解決していくスタンスが望ましいでしょう。

不動産投資を成功させるためには、物件をしっかりと稼働させる必要があります。管理会社と信頼関係が築けなければ苦しい思いをするだけです。

たとえば、求められる書類を速やかに提出し、「このリフォームはこれくらいの金額でやりますか？」など、提案の判断業務はすぐにレスポンスすると管理会社も動きやすくなります。

●管理費の相場は家賃の5％

これを会社組織に照らし合わせてみれば、オーナーは社長で、数々の案件を見極めて判断をする。そして管理会社は物件を現地で管理してくれる現場監督のようなイメージです。

たとえ社長でも、ただ威張り散らしていればいいわけではありません。必ずビジネスパートナーとして、対等な立場で問題解決をしていくスタンスが重要です。オーナーの一方的な意見を押し付けるよりは、管理会社からの提案や意見を十分に取り入れ、それが実現可能なのか、資金的に可能なのかをオーナーは判断していく必要があります。

管理会社の利益構造としては、まず家賃の5％程度で物件を管理している管理費があります。この管理費は管理会社にとっての安定収入となります。さらに入居者を決めたときの広告費、仲介手数料等の手数料は大きな収入源となります。そのほか、リフォームをするときのリフォーム会社への紹介料なども利益となります。

●リフォーム会社の紹介料は当たり前と心得る

管理会社経由のリフォームは「マージンが乗っているので高いから、リフォーム業者に直で発注したほうがいい」とよく言われます。

しかし、管理会社は発注件数が多いためもともと安く、しかも信用と実績のある業者でリフォームしてくれます。もちろん直接やったほうが安いのかもしれませんが、直接交渉するのが初めての業者で……となるとオーナー側も手間ひまがかかります。

管理会社も利益構造としてこのような紹介料を予定しているので、金額にもよりますが、ある程度は目をつぶるのも必要です。

われわれオーナーも利益を上げなければなりませんが、管理会社やリフォーム会社も利益を得られるように配慮することを心がけましょう。

19 管理会社は大手が安心

●地元密着の小さな管理会社はどうか

賃貸管理会社の管理戸数ランキングは「全国賃貸住宅新聞」が毎年発表しています。次ページの図をご覧ください。テレビCMを流しているような誰もが知っている大手の管理会社が並んでいます。

つい大手なら安心と思い込んでしまう人も多いのですが、「大手ならよくて、小さいとダメなのか」というと必ずしもそうではありません。

もちろん、大手はしっかりとした教育システムがあったり、接客もしっかりしていたりと、きちんとした会社が大多数です。ただし、問題もあります。たとえば大手ほど縦割りの会社組織で離職率が高く、担当者がすぐに代わってしまうケースも少なくありません。

縦割りというのは、入居募集の部門と修繕など建物管理の部門、契約の部門に分かれていて、それぞれの連携がとれておらず、バラバラに一日何度も連絡がくるようなことがあります。また大手といってもフランチャイズで、実際には地元の小規模な管理会社だったというケースもあります。

もちろん、地元の小規模な管理会社が悪いとは限りません。個人的には地元密着の老舗不動産屋さんはオススメです。「俺がこの街の賃貸物件を管理しているからまかせておけ！」くらいの強者もいます。

大手管理会社が運営する物件のリフォーム費用などは、固定費が高額化するケースもあります。これは大手管理会社が高品質なリフォームや設備を提供することにより、コスト高になってしまうからです。

【管理戸数ランキング】

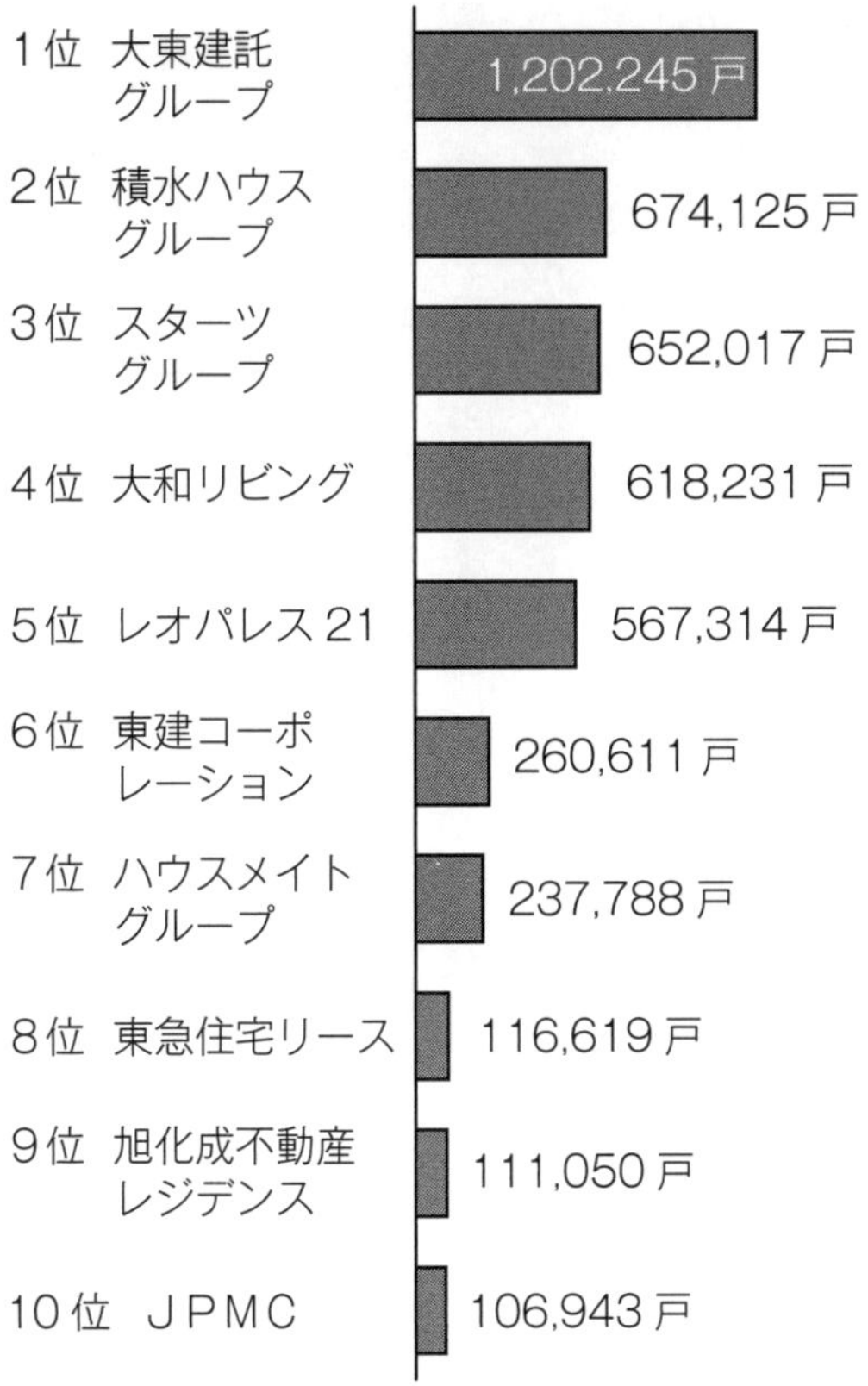

出所：全国賃貸住宅新聞（2022年8月15日号）

一方、地元の小規模管理会社は、大手にはできないようなことを柔軟に対応してくれたり、大手にはないスキルがあったりします。加えて大手管理会社から独立して、自分の管理会社を経営している凄腕の経営者も大勢います。

私が過去に依頼していた管理会社の社長はとても頼りになりました。

現在は、家賃滞納の取り立てを保証会社で肩代わりするケースが増えましたが、その社長はご自身で家賃回収の督促をしてくれます。

私が「社長さん自ら大変ですね」と声をかけると、「いやいや、腕が落ちますんで、これがわれわれの仕事ですから！」と心強い返事がきたものです。

このようにポリシーをもって運営している管理会社は、闇雲にＡＤ（広告料）を増やさない、高額な費用を取らないケースもあります。「それは管理料の中にすべて入っていますから」という管理会社の店長もいました。

●経営基盤がぜい弱な管理会社の注意点

ただ、小さな会社は大手に比べて経営基盤がぜい弱になる傾向にあり、倒産の可能性が高まります。以前、私自身も危ない目に遭いました。管理をお願いしたときはとてもよい管理会社でしたが、ある月から家賃の支払いが遅れはじめたのです。

毎月20日に私の口座へ家賃を振り込んでもらうはずが、22日になり、23日になり、25日を過ぎ……だんだんと遅れて、連絡もつきにくくなりました。

「これはマズイ!」と感じて、すぐに他の管理会社へ変更しました。変更前の管理会社はその1年後に倒産してしまい、オーナーには家賃収入の一部が戻ってこなかったといいます。

こうした例は稀だと信じたいですが、必ずしも大手だけがいいわけではなく、しっかりと管理会社を精査して選択すべきです。

管理会社としてのスキルはもちろん、ポリシーとプライドをもって仕事をしている、そんな方とパートナーを組むことができたら、本当によい賃貸経営ができるでしょう。

20 家賃滞納はどうするか

●家賃保証会社を活用する

家賃滞納は不動産投資において最大のリスクです。滞納されて踏み倒された人も少なくありません。

家賃滞納や夜逃げの最終的な金銭的負担はオーナーにきます。家賃滞納が発生すると当然家賃収入が減少し、利益が減少します。不動産投資の初心者の中には、家賃滞納リスクを考えて「不動産投資はこわい……」と思う人もいるでしょう。

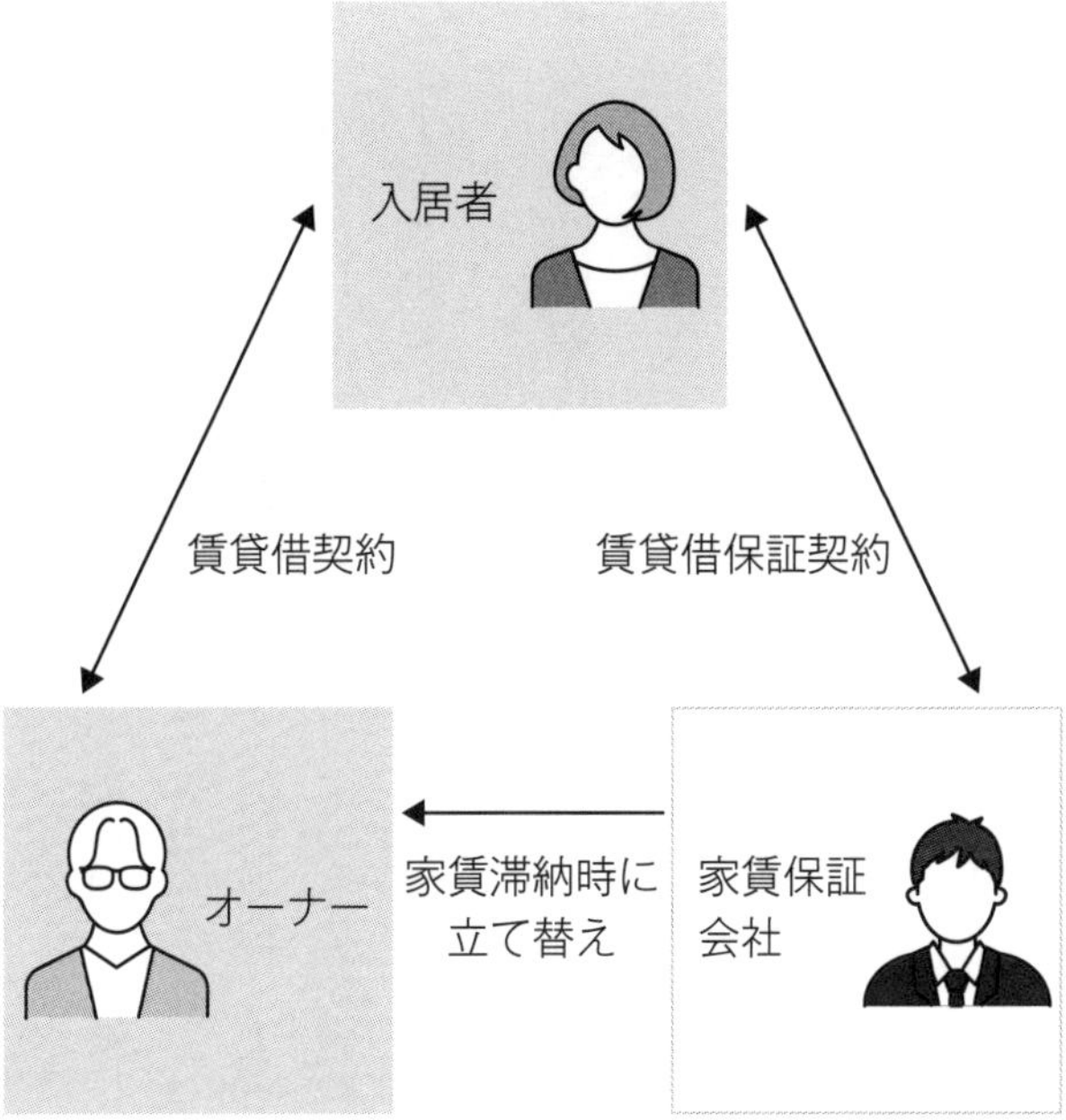

　しかし、家賃滞納には対策があります。家賃保証会社へ加入することで、万が一の家賃滞納に対して家賃を保証してもらえるのが一般的になってきています。

　昭和の時代なら、親戚や職場の上司などにお願いして保証人を立てたものでしたが、今は連帯保証人よりも家賃保証会社への加入が一般的です。

家賃保証会社の仕組みを説明すると、入居者は家賃保証会社と賃貸借保証契約を結びます。そうすることで、万が一の家賃滞納時にはオーナーへ支払う家賃を立て替えてもらえます。家賃滞納者を退去させるためには裁判を行う必要がありますが、そうした費用も保証してもらえます（契約内容による）。

注意点としては家賃保証会社によって契約内容が変わるため、しっかり内容を確認しておかないと、家賃保証を受けられないケースもあります。

たとえば、家賃が滞納されたらすぐ家賃保証会社に事故報告をしなくてはいけませんが、管理会社が連絡を怠っていて、規定の日数を超えてしまったという話も聞きます。

「○○日までに報告が必要」というのは、家賃保証会社によって変わってくる部分です。

そのほか、どれだけの期間を家賃保証してくれるのかも会社により変わります。

そのほかオーナーチェンジ物件を購入した場合、古くからいる入居者は家賃保証会社ではなく、従来からの連帯保証人を付けていることがあります。

連帯保証人に保証能力があれば安心ですが、高齢者の入居者になると、連帯保証人も定年退職して支払い能力がなくなっている場合もあります。

そのような入居者に対しては、費用をオーナーが負担してでも、家賃保証会社へ加入してもらうことを検討すべきです。また、物件購入時にどの入居者が保証会社へ入っていないのか、しっかり契約を確認しておきましょう。

●家賃滞納〜夜逃げの苦い経験

筆者も家賃を踏み倒された苦い経験があります。家賃を踏み倒した人は前オーナー時代からの入居者で、家賃保証会社にも入っていなかった人でした。

ファミリーで住んでいましたが、ある日リストラされてしまって職を失い、奥さんと離婚をして独り身になったことをきっかけに滞納が始まりました。

管理会社の店長が何度も訪問して状況確認すると、「もう少しで仕事が見つかるから、それまで待って」という同情作戦に出たのです。

店長は深く考えず、その言葉を鵜呑みにして期限まで待つことにしました。私もその報告を受けて、本当に回収できるのか念を押しました。すると、お人好しの店長は「大丈夫です」と答えるのみ。

それが半年経っても状況は変わらず、店長に何度も訪問してもらいました。結果、1年経っても1円すら回収できず、入居者に夜逃げされて音信不通となりました。家賃6万円を1年間の滞納。それに大量の残置物……。原状回復にどれだけかかったか、思い出すのも嫌になる金額です。

それ以来、私は、**滞納されて3か月目を目途に「調停から裁判まで、なんでもします！」というスタンスに変わった**のです。日本の法律は入居者保護（弱者保護）の姿勢で、大家の保護はされにくい法律です。

なお、この夜逃げをした入居者は、その後、同じ市内の飲み屋で発見しました。毎晩のように夜遊びを繰り返していたようです。

●自力救済や強制退去は絶対にしないほうがいい

家賃滞納の対処方法ですが、自力救済（法律上の手続きによらない追い出し行為）や強制退去は、絶対にやめてください。

具体的には賃貸物件内にある賃借人の荷物を勝手に処分したり、ドアを壊して入室したりすることは、不法侵入や器物損壊の罪に問われる可能性があるため、違法行為となります。自分の所有物件なので「問題ないのでは？」と思われるかもしれませんが、実際は入居者の居住権やプライバシーのほうが大切だということです。

10円の駄菓子を万引きしたり、数百円の牛丼を食い逃げしたら逮捕されます。しかし、**100万円の家賃滞納をしても逮捕されない**のです。結局のところ、金額の大小ではないということです。家賃滞納やトラブルが生じた場合には、きちんと法的な手続きを踏んで解決しなくてはなりません。

21 自主管理で経費削減！

●モンスター入居者のクレームに対応できるのか

自主管理とはオーナーが自ら物件管理を行い、管理会社を介さずに賃貸物件を運営することを言います。たまにサラリーマンでありながら管理費を惜しむあまり、自主管理をされている方もいます。

私が自主管理をしない理由は、入居者からの問い合わせやトラブル対応など、管理業務にかかる時間や労力が増えるからです。そのための知識や経験も必要となってきます。

家賃収入が年間1000万円ある物件なら、管理費は年間で50万円ほどになりますが、この費用を惜しむか、必要経費として管理会社に支払うかの選択になります。一棟物件で、ある程度の入居者数がいるのであれば、管理会社を使ったほうが得策だと思います。この管理費を惜しんだおかげで、モンスター入居者のクレーム対応や業者対応で疲弊するといった事例も聞きます。

また、ふだんは管理費を払わずに管理は自分でしていても、空室が出て入居者募集の際には賃貸募集会社へ依頼をすることになるのですが、募集が他の物件よりも後回しになります。賃貸募集の優先順位は、管理物件が最優先されるからです。

●管理会社（不動産会社）は自社管理の物件を最優先する

管理会社は自社の管理物件の入居率を上げることで管理収入が増えますし、管理物件を預かっている限り、入居率を高く保つ責務があります。ですから、オーナーの自主管理物件は、客付けの優先順位は後回しになります。もちろん広告費などの手数料も高めになる可能性があるので、本当にコストダウンになるかどうかです。
また自主管理物件は、管理会社へ委託している物件よりも、オーナー自身が募集に力を入れなくてはなりません。もちろん、自主管理はデメリットばかりではありません。メリットには次のようなものがあります。
会社勤めであっても電話連絡がとりやすい人や、主婦や学生など時間に融通が利く人、配偶者や家族に手伝ってもらえる人は、自主管理に取り組んでもやっていけるかもしれません。管理すべき共用部のない戸建ても自主管理向きです。

【管理費の削減】

家賃の5％が管理費として、家賃収入が年間1000万円あるとすれば、年間50万円のコストカットができます。

【信頼関係が構築できる（トラブル対策）】

オーナーが直接に入居者とコミュニケーションを取ることで信頼関係が深まり、トラブルの解決などがしやすくなります。

【自由に運営できる】

管理会社による細かなルールや規制が設けられている場合もありますが、自主管理でオーナーに力量があれば、自由度の高い運営が可能です。

【経験を積める】

自主管理を行うことで、オーナー自身が不動産管理についての経験を積めます。すると、将来的に不動産投資の規模拡大を行う際に役立ちます。

最近では、マンション・アパートの共用部清掃を依頼したい管理会社や大家さんと、近所で働きたい方を直接マッチングするサービス「COSOJI」「ご近所ワーク」「暮らしのマーケット」などといった、一部の仕事だけを依頼できるサイトもあるので、それらを有効活用してみるとよいでしょう。

22 空室があってもほったらかし

●空室に無関心なオーナーの物件は、管理会社から後回しにされる

不動産を買うことにばかり集中して、空室を埋めるのは管理会社にまかせっぱなしで、空室があってもほったらかしにしている不動産投資家を見かけます。

空室が出ると、入居の募集条件について、管理会社から「前回と同じ家賃でよいですか？　それとも何か条件を変えますか？」といった問い合わせがきます。

そんなときに管理会社へすべておまかせで関与しない結果、空室が長く続いてしま

うことがあります。空室に対して無関心なオーナーの場合、多忙な管理会社が後回しにしてしまうからです。

そのほか、家賃が適正でないため成約に至らないこともあります。電気料金の値上がりや金利の上昇などもあるので、オーナーとしては1円でも高く家賃を取りたいものです。しかし、家賃が高すぎると決まりにくく空室期間も長引くため、そのバランスを管理会社の担当者と相談しなければなりません。

●募集条件を工夫してみる

今はどちらかというと供給過多のエリアが多いので、入居者側が優位な立場にあります。オーナーは募集条件を緩くせざるを得ません。できることなら家賃は極力下げたくないものですが、そうなると募集条件で勝負をしなければなりません。「ペット可」「外国人OK」「生活保護者歓迎」「DIY自由」など、ニーズに合わせた条件緩和で募集し、家賃を下げずに決めることを目指しましょう。

入居募集の仕組み

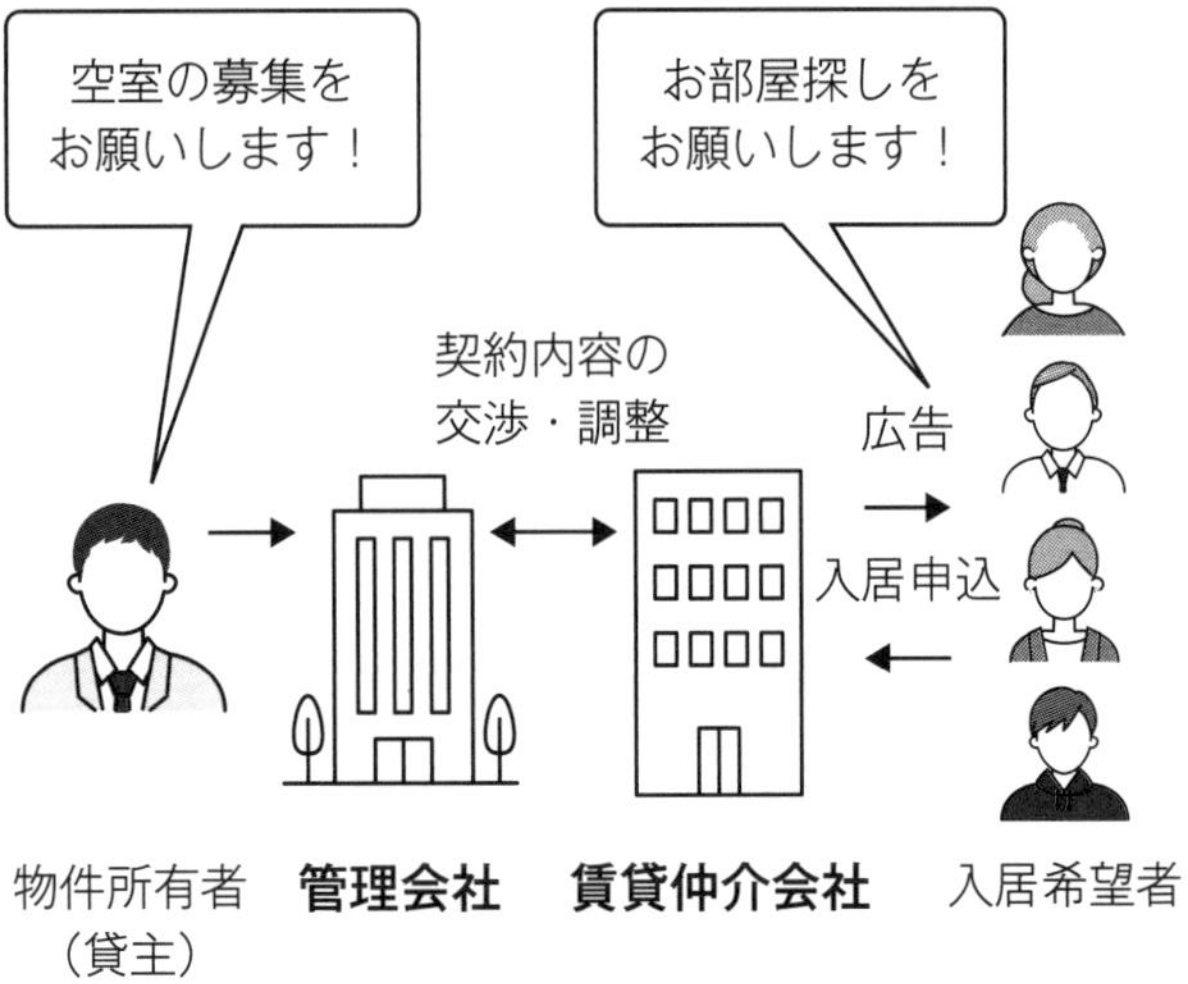
空室の募集をお願いします！
お部屋探しをお願いします！
契約内容の交渉・調整
広告
入居申込
物件所有者（貸主）
管理会社
賃貸仲介会社
入居希望者

条件面でいえば、初期費用の圧倒的な安さをＰＲする方法もあります。

ひと昔前は敷金・礼金ゼロ、いわゆるゼロゼロ物件でインパクトはありましたが、最近ではさらに加速して、本来であれば入居者が支払うべき「家賃補助金や火災保険金相当額をプレゼントします！」として、入居者の初期費用負担を圧倒的に安くＰＲすることもあります。

23 入居者募集は管理会社しかできない

●オーナーが直接募集できるサイトがある

入居募集は管理会社または賃貸仲介会社など、不動産会社にしかできないと考えているオーナーは多いようです。

少子高齢化が進み、空き家や空室が社会問題にまでなっている今、オーナー自ら募集ができるシステムも進化しています。

たしかに入居募集は管理会社の業務であり、管理会社から賃貸仲介会社に客付け（入居募集）の依頼をすることが一般的です。そうした従来の方法でしっかり高稼働をしているのであれば、なんら問題はありません。

しかし、「空室が続いている」「空室に申し込みどころか、問い合わせすらない」のであれば、不動産会社にだけ入居者募集を委ねるのではなく、オーナー自ら募集ができるシステムを利用して募るのもひとつの手です。

多少のコストはかかりますが、今は「エコーズ」や「ウチコミ」といった、大家さんが直接募集できるサイトも登場しています。

【エコーズ】

「SUUMO」をはじめとした大手ポータルサイトに、オーナー自ら物件情報を登録して掲載できるサービスです。本来は管理会社や賃貸仲介会社しか掲載できないものでしたが、オーナー自らが物件情報の入力や編集をすることができ、反響情報やスタッフからのコメントが届きます。

【ウチコミ】
オーナーが直接募集できて、入居希望者とメッセージでやりとりもできるサイトです。全物件が仲介手数料無料なのが特徴です。

このようなネット媒体を駆使して募集をすることも可能です。

これらのサイトは自主管理物件だけではなく、管理委託している物件にも積極的に活用したほうが賢明です。

その際はネット映えするような写真をプロに撮ってもらうと効果的でしょう。エコーズでは、プロのカメラマンの写真撮影サービスもオプションであります。

●ネットで物件を検討する入居者は10年前の2倍

現代はインターネットで部屋を決める入居者が多いので、ネット掲載される写真はできるだけ見栄えのよい写真が客付けの決め手となります。

また、家具や家電を室内に置いて、生活イメージのできるステージング写真も掲載すると、なおインパクトがあります。今ではCGによるバーチャルステージングサービスもあるので、多少の費用はかかりますが活用することをオススメします。

ネットで事前に部屋を決めてから賃貸不動産会社を訪問する人は、10年前よりも約2倍に増えているのに反して、現物を見る数は半分程度に減っていると言われていますので、このようなネット対策は有効です。

管理会社のネット掲載は一律なので、オーナーがオリジナルのネット募集をすればライバルと差別化ができます。

その際はネット映えするような写真をプロに撮ってもらうと効果的でしょう。ステージングの写真も掲載するとさらに好印象になります。

24 ライバル物件との差別化は難しい

●壁紙を工夫するだけで見栄えはよくなる

ひと昔前まで賃貸マンションの壁紙といえば、ほとんど白一色が一般的でした。今はアクセントクロスといって、いろいろな柄や素材の壁紙があります。

白のクロスをアクセントクロスにするだけでも部屋の雰囲気はガラリと変わるので、コスパもよく節約しながらインパクトのある部屋を演出することができます。

ちょっと価格は上がりますが、ドアや扉などに貼るカッティングシート（粘着剤付きの塩ビシートでたくさんの色や柄がある）もオススメです。古くなった昔ながらの白いキッチンの扉に、赤や青などを貼ってあげるだけでリフレッシュされ、とても見栄えがよくなります。

しかし、素人がなんとなく色柄のアクセントクロスを選んでもチグハグになってしまい、ただ奇抜な部屋になっていることがあります。

よくあるのは20平米に満たない狭い部屋で、原色のクロスやカッティングシートを使った部屋。色柄が氾濫する中に、家具やインテリア小物を設置しても、オシャレどころかごちゃごちゃして悪印象を与えてしまいます。結局のところ、モデルルームにするステージングもセンスが悪ければ意味はありません。

●部屋の雰囲気だけで入居者が決まる！

基本的には、部屋全体でコンセプトのあるクロス貼りであるべきです。

効果的なクロス選びの事例でいうと、管理会社からの提案で「今はＣＦ（クッションフロア＝床材）の色は白が人気」とのことで、玄関の入り口から3室ある部屋すべての床を白のCFで埋め尽くしたこともあります。

システムキッチンは赤のカッティングシートを貼り、白＆赤の部屋にリフォームしたこともありました。インパクトもあり、とてもよい部屋に仕上がったので、入居は簡単に決まりました。

費用が通常のリフォームよりもかかるのでコスパはよくありませんが、空室期間やADなどの費用も考慮すると同じくらいかもしれません。

●これからの販促にはCGのステージングは欠かせない

最近流行っているのがステージングです。ステージングは入居者が実際に生活しているようにイメージしてもらうことが目的です。たとえばテレビやソファー、デスクなどを置いて生活空間をイメージしてもらうものです。

実際にステージングをした場合は家具や家電の設置をしなくてはならず、コストと手間がかかります。

なかなか空室が埋まらずに期間が空いてしまうと、ステージングの家具などに埃がかぶり逆効果です。せっかくのステージングが、入居者から不潔に見えてしまうケースもあります。また搬入、搬出にコストも労力もかかります。とくに全室入居が決まったときの置き場にも困ります。管理会社に依頼しても面倒くさがられ、協力してもらえないケースもあります。

自力で頑張って設置をするのはとても大変だし、空室が入居に至った場合は嬉しいながらも大変なことになります。


しかし、このような努力は、管理会社には一生懸命にやっている姿勢を見せられるので協力的になることがあります。

前述のＣＧによるステージング写真のサービスは、入居希望者がネットで部屋を決める現状を考えると、ＣＧによるステージング写真をネット掲載しておくことはコスパのよい作戦かもしれません。

25 空室がこわくて眠れない

●埋まらない条件の物件を避けて選べばＯＫ

よくあるのが、「もしも入居が決まらなかったらどうするの？」「入居者がいなくなったらローンを返済できないのでは？」という不安です。

はい、そのとおりです。入居者がいなくなったらローンを返済できません。

結論から言うと、普通に真面目に一生懸命に入居付けすれば埋まらない物件はありません。私は基本的に入居付けができない物件はないと信じています。

ただし、どうしても埋まらない物件の条件がいくつかありますので、それを避ければよいと考えています。

たとえば地方にある田舎の物件だと、単身世帯には向いていません。周りの環境にもよりますが、かなり難しいでしょう。

単身向けは、学生や独身の若い社会人が多くいることが条件になりますが、地方ではこのニーズが少ないですし、ターゲットがその一択になります。

一方、ファミリー向けの物件であれば、ある程度の田舎でも埋まる可能性が高いです。さらに最近では、地方であっても家を所有するだけでなく、借りる選択をする人の比率が増えています。

ちなみに東京や大阪などの都市部なら駐車場は必要ないエリアもありますが、地方では駐車場がなければ入居付けが難しくなります。

詳細は物件ごとの調査が必要になりますが、このような物件選定をしていけば入居が埋まらないリスクを大きく下げることができます。

26 空室対策にはお金をかけない

●管理会社はあなたの物件だけを担当しているのではない

空室があっても管理会社まかせの人が多く、それがリスクであることはすでにお伝えしました。しかし、「空室対策にお金をかけない」ことも重要です。「入居者を見つけて空室をすぐになくしてほしい！」と管理会社に頼んでも、なかなか動いてくれないことがあります。

それは管理会社にも事情があるからです。当然利益の出る仕事を優先しますし、多数の管理物件を持っているため、あなたの物件もそのうちの1件であり、それだけを優先するわけにはいかない事情もあるからです。

あなたの物件は、その多数の物件の中に埋もれてしまっている一物件に過ぎないのです。ですから「空室を埋めて！」と訴えるだけでは、なかなか埋まらないのも事実です。あなたが一生懸命にやっているオーナーであることが管理会社に伝われば、管理会社も意識してくれて空室が埋まる可能性は高まりますが、ただ訴えかけるだけでなく、必要な努力とコストをかけることも重要です。

そもそも入居募集にはお金がかかるものです。広告費は通常、オーナーが支払うものが**家賃1か月分相当、入居者からもらう仲介手数料1か月分相当が一般的です。**入居者からは1か月以上もらえませんが、オーナーからの広告費を多くして、入居付けに力を入れてもらうことは可能です。

今では広告費が2～3か月、場合によっては5か月と、どんどんエスカレートして高くなっているエリアもあります。多く払えば当然それだけ決まりやすくなりますが、コスパが悪くなるので、あまり払い過ぎるのは賢明ではありません。

●管理会社は手数料が高い物件を優先する

広告費を上げすぎないことは重要ですが、何とか入居者を決めたい場合は相場よりもプラスして出すこともあります。

たとえば広告費2か月が標準的なエリアであれば、2・5か月や3か月も出せば、あなたの物件だけを特別視してくれます。管理会社もビジネスですから、手数料の高いものを一生懸命やるのは当然のことです。

そうは言っても、広告費など経費をかけて入居者を決めるのは味気ないものです。やはり、お客様が喜ぶような部屋作りや、管理が行き届いているよい物件に尽力していくべきです。

物件を案内する管理会社の営業マンが案内に行ったらすぐに決まる、確実に決まる、という部屋が望ましいでしょう。一般的に中古物件では、案内は5回行って1回決まるそうで、中古物件の成約率は20%ということになります。

これが新築なら3回に1回で、33%の成約率に上がるそうです。ただ最近はネットでほとんど決めてきて、最終チェックで現地へ行くパターンが多いようです。

営業マンもなるべく成約率が高い部屋を案内したいので、そのように思ってもらえる部屋作りが必要です。わざわざ決まらない物件へ案内に行く気になりませんし、入居希望者の不満げな顔を見るのも嫌でしょうから。

●募集条件を工夫してネット検索の掲載率を上げる

募集条件も工夫が必要です。SUUMOなど賃貸物件のポータルサイトやネットでは家賃の価格別に検索できるので、家賃を抑えて共益費を高めにする、水道料金や駐車場を別項目にしておくのも作戦のひとつです。

たとえば、家賃5万円・共益費3000円の部屋（合計5万3000円）だった部屋を、**家賃4万8000円・共益費5000円（合計5万3000円）に変更すれば、5万円未満の検索条件にヒットする**ので、ネット上での掲載率が上がります。

27 空室対策ではオーナーが積極的に動くべき

●賃貸仲介会社を訪問するときは、管理会社と連携して動く

空室の募集で、オーナー自身が行うことをアドバイスする不動産指南書があります。オーナー自らが地元の賃貸仲介会社へ向けて広告宣伝を行うもので、直接現地の賃貸仲介会社へ飛び込み訪問するのと、ＦＡＸや電話で依頼する方法があります。

しかし、空室対策に効果があると思って動いても、じつは逆効果になっている場合があります。

ここで、管理会社以外の賃貸仲介会社間の関係性について少しお伝えしておきますと、同業他社になるので、当然ですが競合関係にあります。その一方で、物件情報を共有するなど協力関係にもあります。ただ、なかには犬猿の仲という会社もあります。

首都圏やある程度の都会であればいいですが、地方都市にはその土地ならではの商習慣もあります。

そういった地元の事情を考慮せず、勝手に動き回るのは、空室対策どころか、管理会社にも賃貸仲介会社にも迷惑をかけてしまい逆効果になってしまいます。

オーナー自らが募集活動をするのは、主に管理会社のサポート的な位置づけで行います。どの会社を訪問するのか。単独なのか管理会社の同行をさせてもらうのか。また、直接出向く際は、忙しい時間帯にいきなり訪れたら仕事の迷惑です。訪れる時間や店長を訪問するのか、それとも営業マンなのかを決めておく必要もあります。

手土産を持参するにしても、オーナーの地元名産の菓子折りが定番ではありますが、カップラーメン1ケースをドカンと箱ごと渡すのが流行ったこともありました。
そのほか栄養ドリンクを持っていく人もいますが、女性が多い仲介会社ではスイーツを手土産にするのも喜ばれます。できれば管理会社へ事前に確認をして、その店にあった手土産を持参しましょう。

オーナー自ら賃貸仲介会社への営業は、管理会社に対してはプレッシャーになります。オーナー自身が一生懸命に営業している姿を管理会社に見せると、「自分たちも頑張らねば！」と奮起するものです。ぜひ頑張って営業することをオススメします。

いずれにしても管理会社に相談したうえで営業活動するのがセオリーです。なかには管理会社がそうした行動を好まないこともあります。無断で賃貸仲介会社をまわるのはやめましょう。
空室対策の第一歩は管理会社と信頼関係を築くこと。それができなければ、どんなことをしても裏目に出てしまいます。

●自主管理の場合は積極的に賃貸仲介会社を訪問する

ただし自主管理であれば、賃貸仲介会社をまわるのは非常に大事です。ここからは自分で集客をする、自己客付のやり方を簡単に説明していきましょう。

まず、Googleマップで所有物件のある〈市町村名〉スペース〈不動産賃貸会社〉で検索すると、その市町村の不動産賃貸会社一覧が見られます。その中で募集活動に協力してくれそうな会社をリストアップしていきましょう。

募集活動をしてくれそうな会社は、Googleマップの写真を見るとよくわかります。店頭に空室の募集案内のチラシがベタベタ貼ってあるような店舗、または賃貸募集会社のチェーン店です。たとえば「エイブル」「アパマン」「ミニミニ」「大東建託リーシング」など、賃貸募集の会社に対して営業を行います。

ちなみに大手賃貸募集会社が集まるエリアは、賃貸需要のあるエリアとして認識してよいでしょう。大手企業が「一定の賃貸需要がある」と判断して出店しているので、賃貸ニーズのあるエリアになります。これは物件購入時などの指標にも使えます。

営業のやり方は、管理会社からもらった「マイソク」（仲介不動産会社の情報源として、物件の概要、間取り、地図などをまとめた資料の通称）でリストアップされた賃貸募集会社にＦＡＸします。

不動産業界はまだまだアナログで、メールよりもＦＡＸを利用しているところが多いのです。オーナー側も「インターネットＦＡＸ」などの登録をして、ＦＡＸを送信できるように準備しておくとよいでしょう。

現地へ直接出向くときは、１軒１軒にローラー作戦で営業回りすることもあります。ＦＡＸや電話よりも直接出向いたほうが圧倒的に効果はあるのですが、１日がかりの仕事になります。

第 5 章

融資の落とし穴
〜借金を背負ったときのセオリー〜

28 借金はこわい

●借金には「よい借金」と「わるい借金」がある

多くの人が「借金は悪で絶対にしてはいけない」と思い込んでいます。「借金をしてはいけないし、保証人になってもいけない」と親から教え込まれています。
しかし、借金には「よい借金」と「わるい借金」があります。

私が不動産投資を始めたのは15年ほど前ですが、当時は借金をして物件購入するのが非常にこわかったのを思い出します。

「1億円の壁」というキーワードがありました。どうしても1億円という、身近ではない金額を借金するのがこわかったのです。

かつて、不動産投資家たちのバイブルとなったロバート・キヨサキ著『金持ち父さん貧乏父さん』に「よい借金」と「わるい借金」のエピソードが書かれてあります。借金の中にもお金を生み出してくれる借金は「よい借金」で、何も生み出さない借金が「わるい借金」ということでした。

すると、マイホームのローンは何も収益を生み出さないので「わるい借金」であり、収益不動産を購入して家賃収入を得るのは、収益を生み出すから「よい借金」になります。

不動産投資においては、銀行への返済は家賃が払ってくれると認識しなくてはなりません。つまり、入居者が借金を返済してくれるわけです。不動産投資がレバレッジを効かせるときの最大のメリットであると言えるでしょう。

●返済比率は50%を切りたい

物件（借金）の価格の低さが、必ずしもリスクの低さではありません。収入を生まない3000万円の自宅（住宅ローン）と、家賃収入から返済していける1億円のアパート（ローン）とでは、どちらが安全でしょうか？

借金をして不動産投資をする場合は、「返済比率」が大切です。全体の家賃収入に占める、銀行への返済額の比率です。目安として、これが50%は切っておきたいものです。そうすれば借金なんてこわくないと思います。

29 長期融資は危険！

●返済期間を長くするほどキャッシュフローはよくなる

借金は「早く返したい」と願うのが人の常でしょう。

長く借りることのリスクを危ぶむファイナンシャルプランナーも多く、彼らの家計アドバイスでは、「定年退職までに住宅ローンを完済できる融資期間にする」ことが推奨されています。

とにかく「お金をたくさん借りない」「利息がもったいないから長く借りない」の

が正義のように言われています。

しかし、こと不動産投資においては、「なるべく長期に返済したい」と考えるのが一般的です。

それは融資期間を延ばすほど、毎月のキャッシュフローが上がるからです。その際、銀行への返済比率は前述したように、できるだけ50％以下を目指したいものです。

そもそも不動産投資の融資と住宅ローンの借金は、その性質が異なるので、必ずしも融資期間を短くするのは正解とは言えません。投資方針しだいにはなりますが、毎月のキャッシュフローをしっかり取りにいくのであれば、長期間での融資を選択すべきです。

金利や融資期間、融資金額は銀行から提示された条件でほぼ決まります。これにより返済比率は大きく変わるため、不動産賃貸経営の全体構造も変わってきます。

融資条件の希望を事前に伝えることも可能です。銀行マンと話すのは緊張しますが、しっかりと意思表示することが大切です。

返済比率の関係から、不動産投資は長期にせざるを得ないでしょう。融資条件は、長期融資で低金利を求めるのがベターですが、すべての希望は叶いませんので、融資額、融資期間、金利のうち何を最優先事項とするかも決めておきます。

長期間で借りたうえで、後に金利交渉や他の銀行に借り換えなどの選択をしていくことも視野に入れておくとよいでしょう。

長期融資のデメリットとして、売却時にあまり残債が減っておらず、思ったよりも手元にお金が残らないこともあるかもしれません。どうしても元利均等返済だと期間の前半は金利の支払いが多く、元本はあまり減っていないものです。

【元利均等返済】

元利均等返済は、毎月の返済額が一定で、その内訳は前半の金利が多く、後半になるにつれて元本返済が多くなります。

【元金均等返済】

元金均等返済は、毎月の元本返済額は同じで金利が変動します。金利は前半が多いので前半の返済額が多くなり、後半になるにつれて毎月の返済額が少なくなります。

元利均等返済

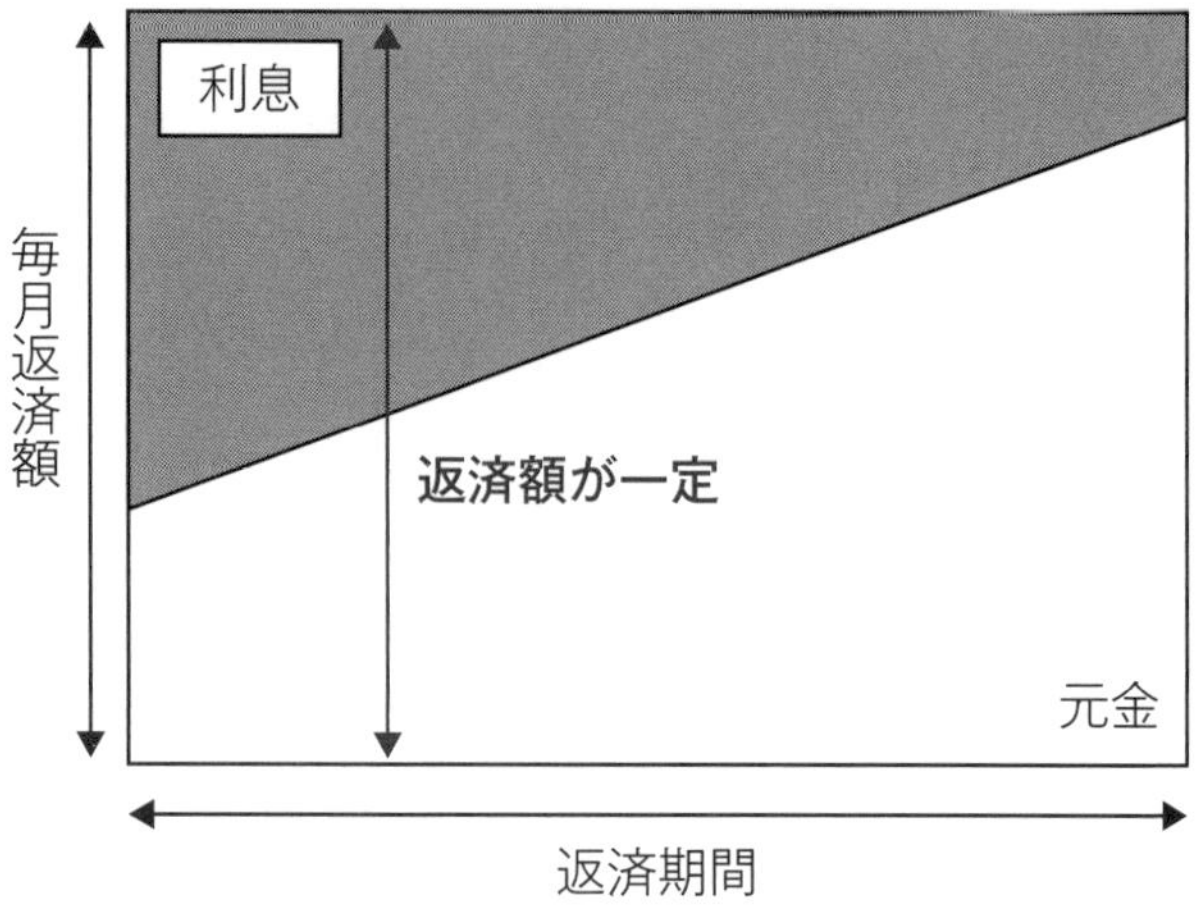

元金均等返済

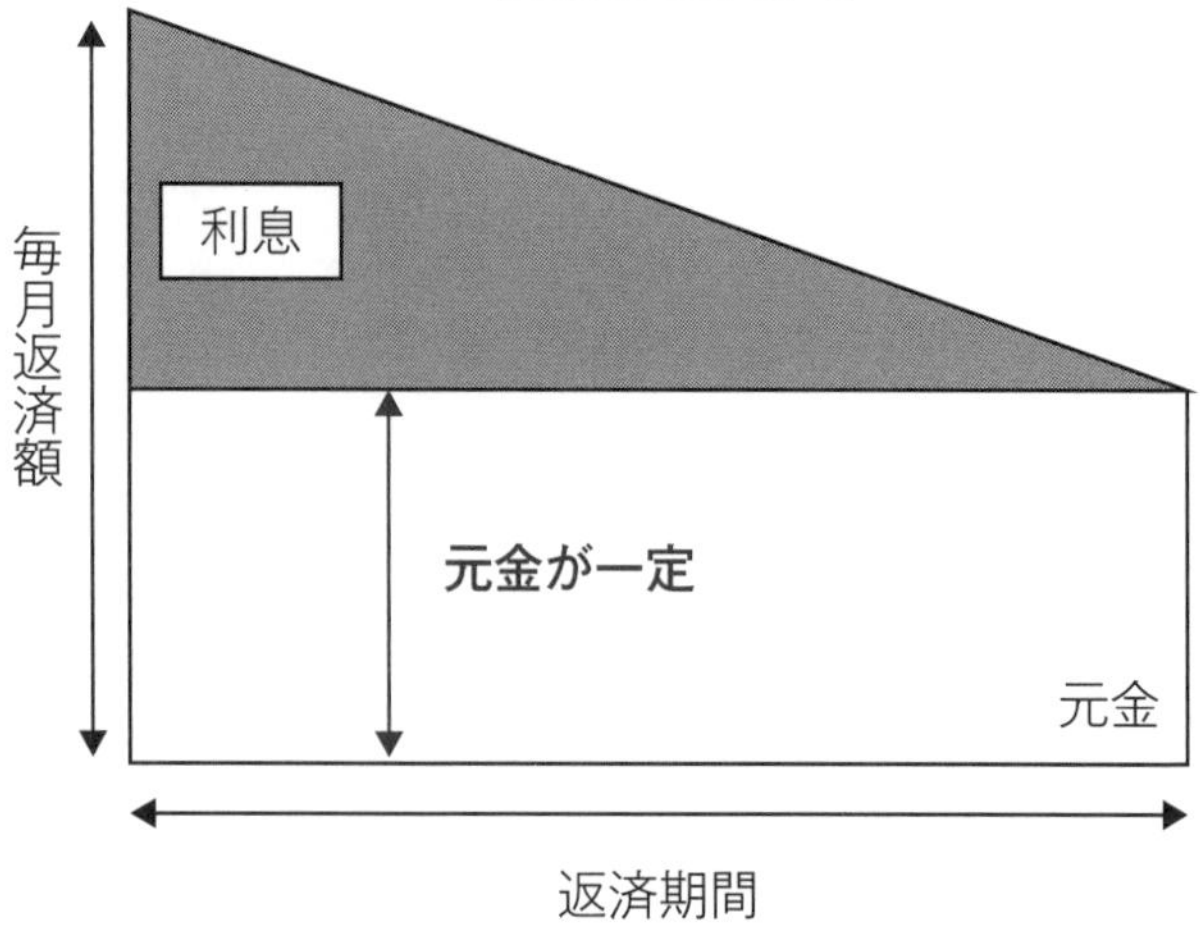

加えて長期融資を受ける際の注意点として、法定耐用年数を超えての融資があります。

会計時に法定耐用年数で減価償却をすると、数年後にデッドクロスになる可能性があります。

法定耐用年数とは、国で定められた建物の耐用年数です。この年数に準じて減価償却のできる年数が決まっています。

また減価償却とは、不動産など価格が大きく長期間にわたって使用できる資産を、購入した年に全額を費用計上するのではなく、一定の期間にわたり分割して費用計上することです。この一定期間は法定耐用年数が基準となります。

デッドクロスとは、融資を受けて不動産投資をしている場合に、1年間あたりの元本返済額が減価償却費よりも大きくなる時点を指します。デッドクロスを迎えると、経費よりも税金の支払いが高くなり資金繰りが苦しくなります。

その対策はいくつかあり、「元金均等返済にする」「新たに物件を購入する」ことも対策のひとつです。

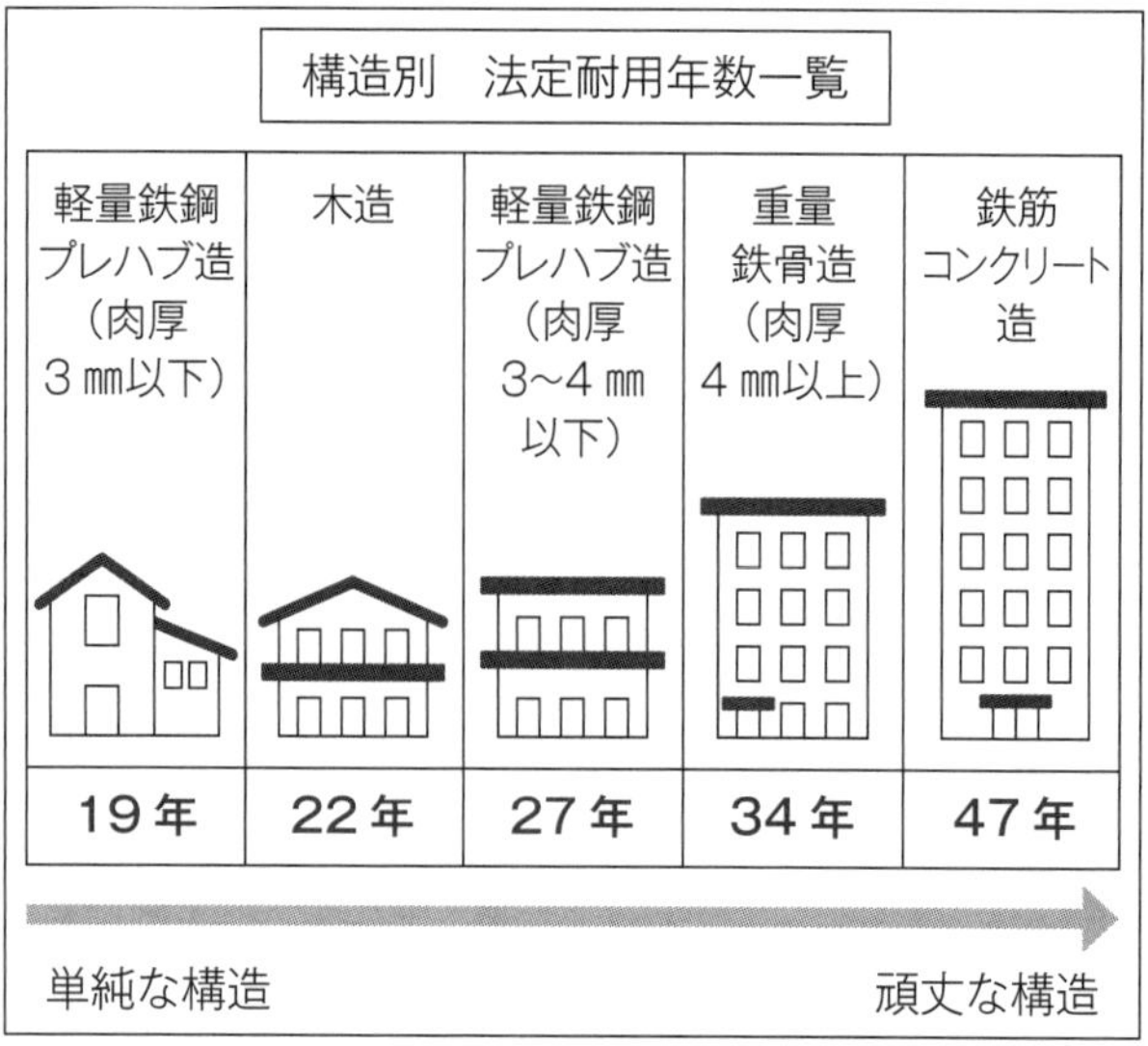

償却期間を延長することも可能ですが、短縮はできません。償却期間を長く設定すると、結果的に税金を多く払うことになり税務署は文句を言わないからです。

ただ、これを使うと毎年の減価償却費は下がるので決算書の利益は出てしまいます。デッドクロスを回避するか、それとも毎年利益を出し続けて多くの税金を支払うかの選択になります。

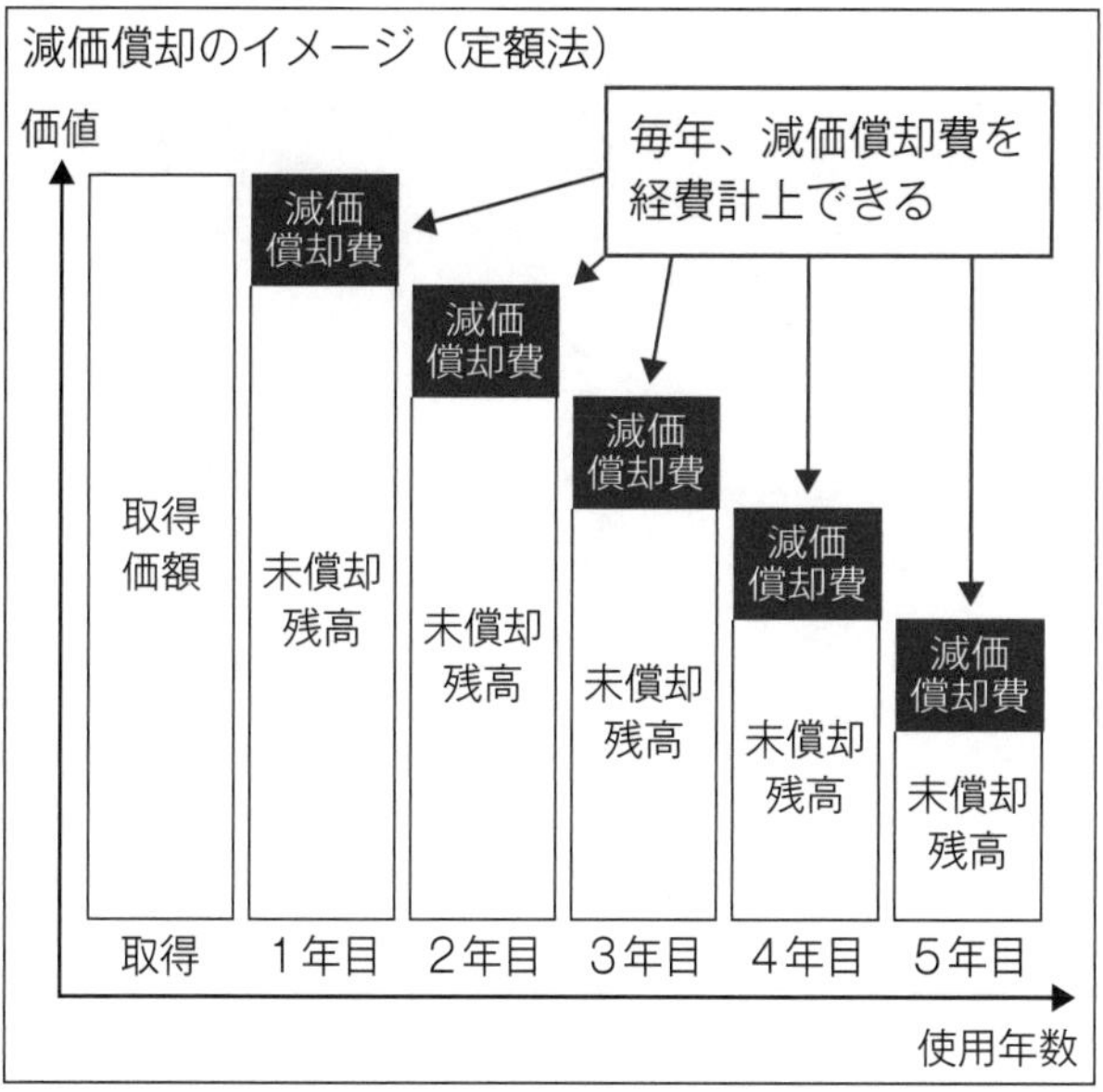
減価償却のイメージ（定額法）
価値
毎年、減価償却費を経費計上できる
取得価額
減価償却費
未償却残高
取得
1年目
2年目
3年目
4年目
5年目
使用年数

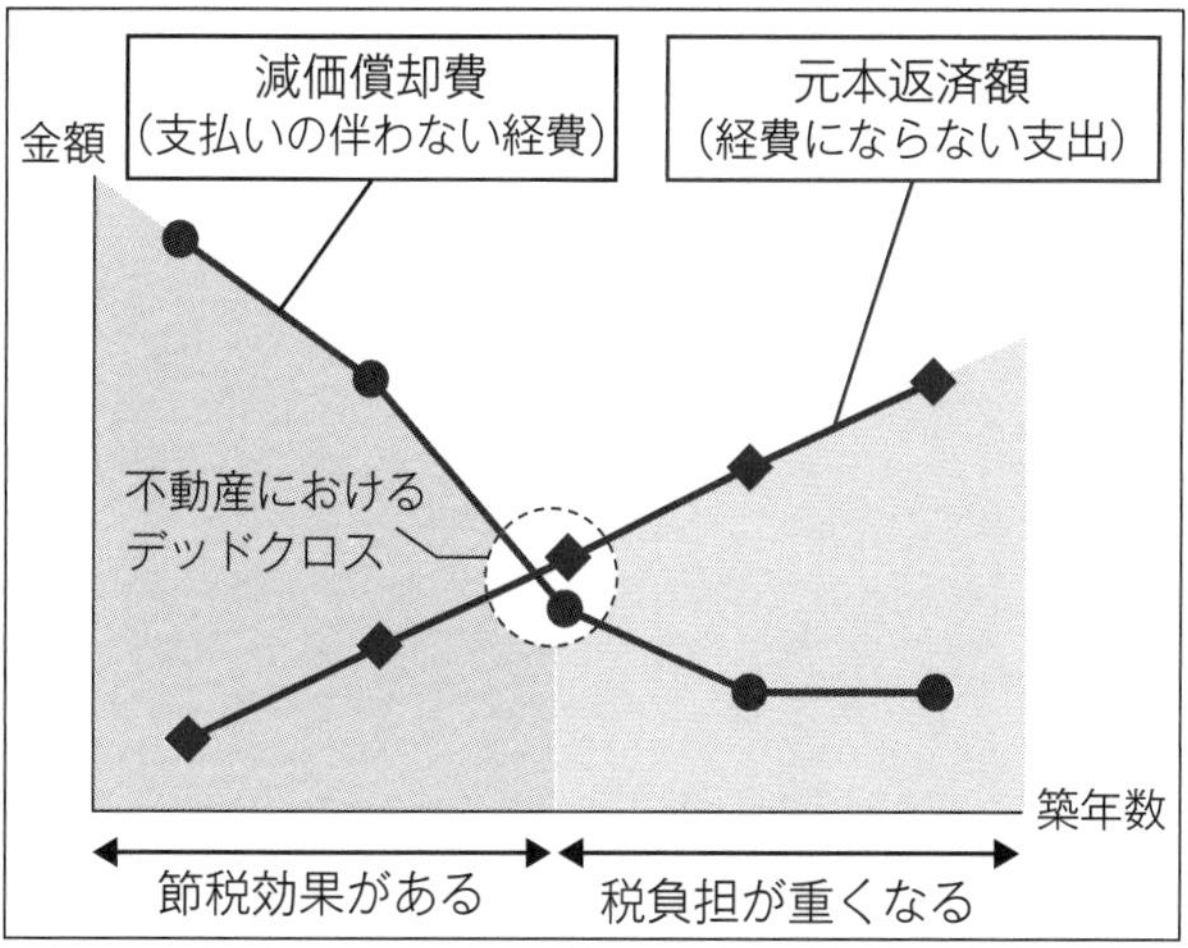
金額
減価償却費
（支払いの伴わない経費）
元本返済額
（経費にならない支出）
不動産における
デッドクロス
築年数
節税効果がある
税負担が重くなる

30 繰り上げ返済をしてリスクを減らす

●住宅ローンと不動産投資の融資は別物

よく出回っている情報に「ローンは繰り上げ返済をして早く返す」「定年退職までには完済」「利息がもったいない」などがあります。

とくに家計相談に乗っているようなファイナンシャルプランナーには「フルローンで物件を買うのは危険。できるだけ自己資金を入れて物件を購入したほうが安全」と考える人が多いようです。

ここは住宅ローンと不動産投資で使う融資とは、まったく考え方を変えるべきです。**頭金を入れることで、手元のキャッシュを減らすほうがリスクは高くなるのです。**

それは繰り上げ返済についても基本的に同じ考え方です。繰り上げ返済する場合は返済期間を短くしてもらうか、毎月の返済額を減らしてもらうかのどちらかです。

「利息がもったいない！」と考える人は、返済期間を短くしたがります。しかし、**多額の現金を減らしてまで返済期間を短くしてもらい、早く返済する必要はないです**し、キャッシュが回っているのなら、毎月の返済額を減らす必要はありません。

これは前述の、長期融資を引くメリットと逆の行動になります。ただ、理由があって毎月のキャッシュフローが思うように得られていない、戦略的に残債を減らしたい場合は繰り上げ返済してもよいでしょう。

加えて繰り上げ返済を行う際は、手数料が発生する場合もあります。手数料は返済金額や銀行によって異なりますが、いずれにせよ追加の費用が発生すればキャッシュがさらに減ってしまうことになります。

●キャッシュはできるだけ多く手元に

融資返済の当初の段階では、繰り上げ返済や金利交渉、借り換えをするべきではありません。それよりも銀行と良好な関係を保つことに注力すべきです。

不動産投資に限らず、事業ではキャッシュを手元に置いておくのが基本です。会社が倒産してしまう原因のひとつは資金繰りの悪化です。とくに不動産投資では手元にキャッシュを残しておかないと、急に大きな修繕が入れば一気にお金がなくなります。

これを回避するためには、しっかりと手元にキャッシュを置いておくことが必要です。それには現金化するまでに時間がかかる株や有価証券ではなく、ある程度のキャッシュが手元にあることが必要です。

ベテラン個人事業主になると、支払いは期限ギリギリまで待ちます。逆に、自分がもらうときは一番早く受け取るそうです。これが少しでもキャッシュの残る作戦です。

31 高積算物件はよい物件

●銀行によって評価が違う

物件の評価方法には「収益還元法」や「積算評価」があるのは第2章で述べたとおりです。

収益還元法は、「その不動産からどの程度の収益を上げられるか」という収益性に着目した評価方法で、直接還元法とDCF法の2種類の算出方法があります。

積算評価は、土地の価値と建物の価値をそれぞれ別に評価して、それを合算する評

不動産価格の評価方法

原価法	収益還元法
▼	▼
積算価格	**収益価格**
土地の価格＋建物の価格	不動産から得られる収益で計算

価方法で、「原価法」とも呼ばれています。

土地の価格＝地積×土地単価

建物の価格＝延べ床面積×建築単価
×残存耐用年数／耐用年数

の数式で算出されます。

なお、土地は相続税路線価（相続税や贈与税を算定する際の基準となる価格、国税庁から毎年発表される）、建物は再調達価格（同じものを建てたときの価格）が一般的な考え方で、銀行により担保評価上の土地単価、建物単価、耐用年数は変わってきます。

●大都市圏は積算評価が出にくく、地方の物件は出やすい

数ある銀行の物件評価方法の中でも積算評価は必ずチェックされますので、重要項目のひとつと言えるでしょう。

融資金額をなるべくフルローンに近づけようとするなら、しっかりと積算評価がとれる物件を選定することが大切です。しかし、東京・神奈川・千葉・埼玉のような大都市圏になると、どうしても積算評価が出にくくなります。

一方で地方の物件は積算評価が出やすい傾向にあります。なぜなら積算評価と実勢価格が大都市圏よりも乖離していないからです。

積算評価は相続税路線価を基準としており、相続税路線価と実勢価格は都心になるほど乖離していて地方ほど近づきます。

簡単に言うと「都心は実際に売られている価格が高いけれど、土地の評価額はそこまで高くない。逆に、地方は実際に売られている価格と土地の評価額が近い」という

ことです。

ですから、都心に近いほど積算評価が出ない結果になります。これは仕方がないことなので、高積算物件で融資を引こうと考えたら、地方物件を検討するしかありません。

しかし、首都圏の人が取引できる金融機関で地方物件を扱っているケースはほぼありません。融資全体が厳しいうえに銀行の営業エリアの縛りもあるため、高積算で融資を引くのは現実的ではないのです。

また、地方の積算価格が高いからといって、その土地は「本当にそれだけの価値があるのか？」と問われれば、そうとも言えません。銀座の一等地は明らかに実勢価格に比べて積算が低い。

つまり「高積算＝融資が引ける＝価値のあるよい土地」というわけではないのです。

32 高利回り物件を融資で買う

●フルローン、オーバーローンは時代遅れ

物件購入は、できればフルローンで買いたい人が多いはずです。「いや、できればオーバーローンで買いたい！」と望む人もいるでしょう。

その考え方は時代遅れです。残念ながら今の銀行の融資姿勢では、オーバーローンはほぼ無理ですしフルローンも難しい状況です。

また、多くの読者は「高利回り物件がほしい！」と望んでいるでしょう。それもま

た、最近の市況では難しいのが現実です。

●不動産投資は銀行次第

不動産投資の大原則は、銀行の方針に従った投資方針にすることです。

ある程度の規模まで拡大したい人は、いつかは必ず銀行の融資に頼らざるを得ないからです。銀行が「融資します」「融資したいです！」「融資したくて仕方がありません!!」という物件を購入していけば、銀行から見てよい物件を所有したことになります。

不動産投資家の希望や考え方も大事になりますが、それ以上に銀行の融資方針に**従って物件を購入していくことが規模拡大には一番の近道になります。**ですから積算評価の出る物件や、収益評価の出る物件を買っていくことが重要になります。

この考え方はこれから不動産投資を始める場合、2～3棟の物件を所有しているステージにおいては、必ず守るべき購入方法です。

たとえば、物件を10棟ほど保有できてステージが変わってきたときには、また銀行は違う目線で物件を評価してきます。すなわち人（会社）によって物件の融資方針も変わるわけです。

実際の購入フェーズにおいては市場の相場をよく見て、その中でより条件に近い物件を選択していくことが必要です。この選球眼もしっかり身につけておきましょう。

100点満点の物件など存在しません。いかに妥協点を見つけ、自己解決できる問題点の見極めをして、80点以上の物件を購入する選球眼を身につけるかです。


銀行の融資は物件のスペック、積算評価や収益評価が大切な物差しになりますが、誰でも彼でもいいわけではありません。**融資をしても問題のない人（会社）にしか融資は実行されない**ので、ご自身が融資対象者として相応しいかもよく検討する必要があります。

意外と不動産投資家は、この部分を蔑ろにしているケースがありますので気をつけたいところです。

33 「ハイレバレッジこそ神！」という考え方

●借金の額でなくキャッシュフローで評価

全国には多くの大家会や大家コミュニティ、スクールなどがあります。これらは大家の情報交換の場であり、勉強会でもあり、とても有益な組織です。

そんな中で、「借金自慢の会」がいまだに存在するのも事実です。ひと昔前までなら「自分は10億円分の物件を持っている！」「20億円以上持っている！」「部屋数が500室もある！」などと、ある種の借金自慢がありました。

それは借金の額を争っているだけで、あまり自慢できないことですが、それだけ銀行融資を受けられる信用力や物件を買った実力があるという観点では褒めてあげてもいいのではないでしょうか。

いずれにしても「借金の額が大きければよい！」「規模が大きければエライ！」というのはちょっと違う気がします。

それよりも、どれだけ利益を出してキャッシュフローを得られたのか、どのように工夫をして健全な賃貸経営をしているかのほうが重要です。

2016年ごろはオーバーローンで自己資金不要の買い方もできましたが、それは一時的なボーナス期です。現在を含めた普通の時期は、自己資金なしで物件を購入するのはあり得ないことです。

この時期に運よく物件を買えた人もたくさんいるでしょうが、その後の経営状態が心配な人も同じようにたくさんいるのです。

賃貸経営はワンショット30年のビジネスです。しっかりと長期にわたりモチベーションを保ち、勉強し続けていく必要があります。

●銀行がオーバーローンをしないのは金融庁の指導

融資に関してハイレバレッジといえば、オーバーローンです。1円も使わず不動産が購入できたことを自慢する著名投資家もいますが、それもまた過去の武勇伝でしかありません。正々堂々と大旗を振って「オーバーローンをやります！」という銀行など、今の時代はまずありません。

不動産を購入する場合は、物件の本体価格のほかに諸費用が7〜10%くらいかかります。

たとえば1億円の物件なら700万円の諸費用がかかりますので、その分の自己資金を用意しなくてはなりません。銀行は最大で物件本体までの融資（フルローン）はしますが、諸費用までの融資（オーバーローン）はしないスタンスになっています。

その背景は金融庁からの指導で、「貸出先（不動産投資家）に過度な負担となる融資をしてはいけない」ことになっているからです。

しかし不動産投資家側からすると、少しでも自己資金は抑えたいものです。ですから物件の諸費用分を、別の銀行の融資でカバーする場合もあります。

物件をフルローンで購入すれば、実質的なオーバーローンになります。1億円の物件を買う700万円の諸費用は決して安い金額ではありませんし、貯めるとなれば時間もかかります。

仮に、700万円の自己資金を使ってなんとか1棟目を買えたとしても、2棟目は資金が貯まるまで買えないことになってしまいます。待つのが嫌な人も多いはずです。

そこで、融資をアレンジして購入するのもひとつの選択肢になると思います。しかしハイレバレッジとなり、リスクは高くなります。そのぶん返済比率が高くなるので、賃貸経営をしっかりして利益を上げていく努力が必要です。

不動産投資家で、ある程度のリスクをとるのは仕方ないとあきらめている人もいますが、やはりリスクを少しでも避ける努力は必要です。

融資アレンジして実質のオーバーローンで物件を買えば、物件価格の融資と諸費用の約7％の融資をプラスして受けることになります。融資の返済比率からすると、7％増で物件を購入しているのと同じです。返済比率が上がるのは間違いありません。

番外編

初心者の落とし穴
～カモにならないために自衛しよう～

34 絶対に失敗するわけがないという根拠のない自信

●悪徳業者のカモになる人、ならない人

不動産投資の勉強を何もしないで不動産投資をやってしまったサラリーマン不動産投資家さん……とくにエリートサラリーマンや公務員、医師や弁護士といった高属性の方は本業が忙しいこともあり、悪徳業者のカモになりやすい傾向にあります。

この最たるものは、2018年に発覚した「かぼちゃの馬車事件」です。これは銀行や不動産業者に騙されて収益が出ない物件を買った結果、借金だけが数億円も残っ

てしまった事件です。最後は集団訴訟にまで発展し、大騒動となったのは記憶に新しいでしょう。

もちろん騙した側の不動産業者や銀行には大いに問題がありましたが、不動産投資を事業として取り組み、ある程度の勉強も積んできた投資家からすると、この問題物件を購入した人たちは、残念ながら「責任」という言葉を理解していないと言わざるを得ません。本来、投資は自己責任で、投資対象をチェックするのは当たり前のことです。

大きな社会問題になった「かぼちゃの馬車事件」では、そもそも購入した物件を見ていない、契約書もきちんと読んでいない人がいました。

銀行へ提出した書類が改ざんされていたようですが、本来であればしっかりチェックをするべきです。そのうえで、どのように話が進んでいくのかもチェックしていく必要がありました。

たとえ上司や友人からの誘いがあったとしても、やはり投資対象を自分事として捉えられないのは投資家以前に社会人としても一人前と言えません。

「大きな借金を背負ったから」とはいえ、裁判沙汰にするのはおかしな話であることは肝に銘じておくべきでしょう。

●時代が変われば投資環境も変わる

プロの不動産業者でも詐欺師に騙されることはありますし、われわれ不動産投資をしている人は常に同じような目に遭わないよう勉強し、行動し続けています。

勉強はとても大切です。「10年前に不動産投資の知識はひと通り学んだし、自分は現役のベテラン大家だから大丈夫！」とタカをくくるのは間違いです。

不動産業界も刻一刻と変化していきます。あなたの過去の経験値だけで今後もやっていこうとするのは大きな間違いで、知識は常にアップデートしていかなければいけません。

あなたが美容院の経営者であったとしましょう。何も勉強せずに、昭和の流行カットしかできない従業員を雇ったまま店を営業するでしょうか？

経営者であるあなたは、経営について何も勉強せずに、業界の最新情報も知らずに経営していくでしょうか？　経営者ですから勉強をして、最新の情報にアンテナを張るのは当然です。

不動産投資も同じで、勉強しないのはおかしな話です。学習せずに不動産賃貸事業をしていくことは、今後に発生しうる何百万円もの利益を失ったり、物件を購入できるのにチャンスを逃したりする可能性が十分にあります。知識は常に最新版にアップデートしていきましょう。

35 不動産投資をマイホームの購入と同じように考えてみる

●不動産投資はマイホームを買うのとは別物である

一口に不動産投資といっても、その種類はさまざまです。投資方法ごとのメリット、デメリットをしっかりと押さえたうえで実行に移していくことが重要です。まずはしっかりと勉強していく必要があります。

たとえば、戸建て投資で融資を使わないのなら、少額の資金なので初心者にはリスクが少なくていいと思われるかもしれません。しかし、相場というものがあります。

あなたのマイホーム（お持ちでない方は想定して）はいくらくらいでしょうか？　3000万円？　5000万円？　もしかして1億円かもしれませんね。場所にもよりますが、戸建ての家だと3000～5000万円くらいが平均的ではないでしょうか。自分の住む家（実需の家）はそんなレベルです。

一方、アパートやマンションではどうでしょうか？　物によっては1億円以上の物件も多数あります。仮に1億円の1棟マンションに30世帯が入っていたら、1棟マンションの1世帯あたり333万円程度と、かなり安いですね。

戸建て投資でも、1軒30万円や50万円という激安物件が中にはあります。通常の戸建ての10分の1や100分の1の価格で、かなりかけ離れています。

なぜ安いのかというと、当然ですが建物が古い、エリアが悪い、土地の形状が悪いなど何かしら問題がある場合と、そもそも仕様が賃貸向けになっているから、その価格になっているのです。賃貸物件の市場と、実需のマイホームの市場は違うというわけです。

一方、融資を使って大きな物件を買うのはどうでしょう。融資を使うので、銀行の融資について勉強が必要です。

「お金を借りるのって、そんなに難しいことなのかな。銀行はお金を貸すのが仕事なんだから、お客が借りたいと言ったら喜んで貸すんじゃないの？」と、私自身も若いころはそんなふうに考えていました。

これが普通の商品なら、お金を払えばお客様が言ったとおりに商品を提供してくれます。しかし、銀行はそこに審査が入ります。貸す人は誰でもいいわけではありません。審査して、お金をちゃんと返してくれる、信用できる人にだけお金を貸します。

●銀行融資は決算書の良し悪しで決まる

借りる側のあなたは審査が通るようにしなくてはなりません。とくに物件を所有し、すでに賃貸経営をしている場合は、その決算書の良し悪しで融資が決まります。

だから必然的に、決算書の勉強をする必要があるのです。どのような決算書を作れば融資が受けやすくなるかの勉強です。

●不動産投資は机上1割、実践9割

時代は常に動きます。不動産投資は投資ではなく事業です。常に勉強して進んでいかない限り、必ずどこかで痛い目に遭います。

仮に100万円かけて勉強したとしても、その勉強のおかげで1億円の損失を防ぐことができるなら、とても安い勉強代ではないでしょうか。

また、学びは机上の勉強だけではとても間に合いません。不動産投資は机上1割、実践が9割です。実際にやってみて、壁にぶつからなければわからないこともたくさんあります。

人により環境は違いますので、実践して学ぶしかないのです。勉強しながら実践です。知識をある程度つけて、実践、実践、実践あるのみです。

36 情報収集はインターネットで十分

●大きな事業なのに無料情報だけでいいのか

インターネットから得られる情報は膨大にあります。無料から有料、有益なものからガセネタ、最新情報から古くて使えないものまで、まさに玉石混交です。

インターネットのみで情報収集するなら、それらを取捨選択する目が必要です。また無料で誰でも得られる情報で、本当によい情報はほとんどなく、あったとしてもわかりやすいものではありません。

そもそも不動産投資は事業です。億を超える借金をするのも珍しくなく、自己資金も少なくとも数百万~場合によっては数千万円も使います。このような規模の事業をするにあたって、無料の YouTube 動画をあてにしてもいいのでしょうか。

●情報収集や学びには対価を払う

筆者は少なくとも事業を行うにあたり、必要な知識を学ぶべきだと考えますし、よりよい情報を手にすべきだと考えます。そして、学びや有益な情報には対価を支払うものです。情報を見極める目を養うためには、基本的な知識を習得するために本を読む、有料のセミナーやサロンに参加するなど、ある程度の時間とコストや手間をかけるなど対価を払うべきです。

お金は時間を買うものです。その情報がよい情報なのかを選別するための時間を買っているのです。つまり、情報もお金のように価値を持ちます。

少なくとも不動産投資で成功しているのは、一生懸命に真面目に努力をしている人です。知識ももちろんですが、勇気をもって実践し、時には危ない橋も渡ってきた、そんな行動力のある人が成功しています。

たまに成功した不動産投資家がスポーツカーに乗って、高級腕時計をして優雅に生活しているところをＳＮＳなどで目にします。

そのような人でも、じつは裏で地道な努力をしているのです。スポーツの得意な人がけっして人前で練習を見せず、試合でいい結果を残すのと同じです。

事業は一生懸命に取り組んだ人が成功する世界です。

無料情報だけをかいつまんでできるような簡単なものではないことは理解しておいたほうがよいでしょう。筆者は少なくとも、これまでに１０００万円以上の自己投資をしています。

●どういう人が情報発信しているかを見極める

不動産投資情報の中にはいろいろな発信者からの情報があります。たとえば私のように不動産投資のプレイヤー。それから税理士、司法書士や設計士などの士業、専門家の方、そして不動産業者です。このほとんどが物件の売買担当者です。

不動産業者は「こういう物件を買ったほうがいいよ」「こういうのはよくない」と、あたかもコンサルタントのように話をしてくれますが、あくまでも彼らの目的は不動産を売ること。どうしてもセールストークが入ってしまうのは忘れないでください。

不動産投資家と士業、専門家、不動産会社はビジネスパートナーであると同時に、お互い利益相反の関係にあります。そのポジショニングもよく理解したうえで話を聞きましょう。

37 不動産業者のセミナーに行って学べばOK

●不動産業者のセミナーは売るための導線

不動産業者のセミナーには、良質なセミナーももちろんありますが、悪徳業者のセミナーもあります。そもそも不動産会社は物件を売ることが目的であり、セミナーも「売るための導入線」になります。不動産投資を学ぶにはふさわしくありません。

セミナーは1～2時間程度が多いですが、なかには半日程度の長丁場もあります。

最近ではリアル開催よりも、全国から参加できるZoomなどのオンラインセミナーも増えてきました。

ただ、セミナーを受講して学べばそれだけで不動産投資ができると思ったら大間違いです。セミナーだけでは断片的な知識の積み上げになり、何がどうつながっているのかわからないことがあります。

もちろんベテランの不動産投資家で知識やポイントだけの学習をしたい人なら、このようなセミナーを受けることは有効でしょう。しかし、始めたばかりの初心者の方は断片的な知識ではなく、包括的な一連の知識が必要なのです。

● win-win の関係

不動産会社はビジネスパートナーなので大切にしなくてはいけませんが、投資家とはポジションが違うことを理解しておきましょう。

不動産会社、税理士などビジネスパートナーも収益を上げなくてはならないので、そこは win-win の関係になるよう努めていきましょう。

ただ、そのバランスが崩れて、業者だけが利益をとって不動産投資家がマイナスになることだけは避けたいものです。業者はプロ、不動産オーナーは素人です。ここはしっかりと知識をつけておかなければ、彼らと対等に話をすることができません。一方的に影響を受けてしまいます。

私たちも不動産会社のセミナーや勉強会など、たくさん参加してきました。内容的にはとても勉強になることが多いですし、こうしたセミナーには積極的に参加してよいと思います。時には有名人をゲストスピーカーに呼んで、とてもよい話が聞けることもありますし、会場限定での話もあるので有意義に利用したほうが賢明です。

ひとつの礼儀として、セミナーは最後まで参加する。そして不動産会社のPRタイムもしっかりと聞いて、途中退出をしないのがルールです。

ゲストスピーカーにも報酬が出ていますし、会場を借りて費用がかかっています。自分だけいいとこ取りして帰ってしまうのはルール違反ですし、モッタイナイ。

38 「不動産投資を知らない配偶者、親、同僚、友人に相談する」

●経験がなく、学んでいない人に相談しても時間の無駄

不動産投資を始めるとき、配偶者（家族）と相談する方がとても多いです。これから不動産投資をしようとする場合なら、やはり配偶者に報告は必要かもしれません。しかし、「相談」は絶対にしてはいけないことです。

不動産投資をやることになれば常に決断の連続ですが、それをひとつひとつ配偶者に相談していてはスピードが落ちます。不動産投資は事業ですし、決断の連続です。

それも常に迅速な判断をしなければ、物件は手に入りません。

優良な収益不動産は瞬間蒸発しますので、買うか買わないか即断しなければなりません。「いい物件がない……」と嘆かれる方もいますが、それは決断が遅かったり、ギリギリのラインでの判断が即時にできなかったりするのが原因かもしれません。

ゆったりと「いい物件が来ないかな〜」と待っている人の前には、残念ながら優良物件は現れません。そんな外部の競合が激しい環境下で、家族と相談してから物件を買うのはナンセンスな話です。

対策として、事前に「こんな価格の、これくらいの大きさの、このエリアで物件が出たら買いたい」と相談しておけばよいと思います。しかし、これも配偶者が不動産投資を一緒にやっているのが前提です。

●配偶者や友人への相談はドリームキラーになる

また、配偶者でなくても、仲のよい友人や同僚へ相談するのもナンセンスです。

不動産投資を始めたばかりのあなたにとって、不動産知識のない配偶者や家族は「ドリームキラー」となり、あなたの夢を断ち切ります。

そもそも彼らは不動産投資を理解していません。「理解できないこと＝こわいこと」となり、あなたの安全を大事に思い、あなたのために「反対」する可能性が高いのです。

一方で不動産投資は事業ですから、ある意味チャレンジの連続です。危険な橋を渡ることもありますし、失敗だって当然あります。そんな不安定なことはやってほしくないわけです。

しかし、不動産投資は他の事業に比べて安定性の高い事業です。それを理解したうえで話ができるならともかく、多くの場合、家族は、あなたの安定が何よりも大切で、失敗を嫌うがゆえドリームキラーになってしまうのです。

過去に奥さんから不動産投資を反対され、泣く泣く退散した方も多数いますが、説得の仕方はあります。

まずは自分がしっかりと学習して、不動産投資は安定した事業だと説明できること。論理的に、数字を使って説明できることです。あとは物件概要書（広告）を、「さりげなくリビングに置いておく」という人もいました。

1億円の概要書を置いておくと、奥さんから「こんなに高いのは無理でしょ！」「そんな借金はダメ！」と猛反対されました。しかし旦那さんは懲りずに、2億円や3億円の概要書を見せて夢を語ったそうです。

●妻も一緒に巻き込む

ある日、7000万円の物件を奥さんに見せたところ「あら、意外と安いじゃない！」と興味を示しました。旦那さんの夢語りが成功した事例です。その方は物件の現地調査も奥さんを連れていき、遠方物件のときは奥さんと旅行を兼ねて見にいけるようになりました。

不動産投資の相談をどのような人にすればよいのかというと、すでに不動産投資に成功していて、あなたと同じような環境で始めた人です。

たとえば、もともとはサラリーマンで不動産以外の業界の出身、そして目標が同じで、やり方も同じ方向で実行されている人が理想です。同じ立場、同じ視点を持った不動産投資家が望ましいです。

逆に最悪なのは不動産業者に相談をすることです。不動産業者は物件を売ることが目的だからです。

「多少のデメリットがあっても買ったほうがいいですよ〜。ぜひ買ってください。買わないと損ですよ。二度とこんな物件はありません！」

こんなセールストークで迫ってきます。また、税理士や司法書士など士業の先生のアドバイスもあまりオススメできません。税金面などにフォーカスしているだけで、投資全体を見ていないケースが多いからです。

投資判断については、投資家自身が決めなくてはなりません。

この投資判断は、同じ立場にいた不動産投資家でしかお伝えすることができません。

なぜなら、自分の立ち位置によってアドバイスも変わってしまうからです。

39 何も考えずにメンターを信じ込む

●現在も不動産投資を実践し、結果を出している人

メンターを無条件で信じ込んでいる人がいます。投資手法によって合う、合わないがあるので、そのメンターが自分に合うのかジャッジできるくらいの勉強が必要でしょう。

あまりにも知識のない中で、なんらかの手法を盲目的に信じるのはリスクですから絶対に避けましょう。とはいえ、どのようにメンターを見つけたらよいのか、疑問を持つ人も多いようです。

答えを言うと、自分にある程度の知識を付けてからメンターを選ぶほうがよいでしょう。

メンターは「ただ成功している人ならよい」という話ではありません。必ず自らも不動産投資を実践していて、結果がキチンと出ている人である必要があります。また、「10年前に不動産投資で実績を出している」人の場合、そのノウハウは古すぎて、今ではまったく役に立たない可能性もあります。

メンター選びも投資戦略のうちです。「結果を出していること」「実績があること」に加えて、「今、使えるノウハウを持っていること」も重視しましょう。

メンターの経歴も確認が必要です。自分と同じような境遇、属性で成功している人から学ぶのが一番よいとされています。

●ゴール（目標）を先に設定する

メンターを見つけて行動する前に、まずは投資方法を明確にする必要があります。投資方法を明確にするためには最終的なゴールを決めなくてはなりません。どのように進めていくのかを、ゴールから逆算をして行動するのです。それには、まず目標設定をしっかりすることです。ここからスタートしていきましょう。

会社を辞めて経済的、時間的自由を得るのか？　それとも今のままでいいのか？　お小遣い稼ぎに月に3万円ほどほしいのか？　その目標設定次第でメンターも変わります。月々数万円のお小遣いがほしいだけなら、戸建て投資を専門とするメンターや、またはメンターをつけず独学で学びアパート1棟だけ買うのでもよいかもしれません。

これが、サラリーマンをFIREしたいのなら、体系的な知識を身につけて、計画的に不動産投資をしていく必要があります。そのためには、そこに導いてくれるメンターを選びましょう。

ただ過去の栄光を語るだけのメンターではなく、サラリーマン経験のある融資を戦略に使っているメンターであるのが最低条件です。くれぐれも慎重にメンターを選んでいただきたいと思います。

途中で「できないから」といって安易にゴールは変えないでください。ちょっとした壁にぶち当たると、すぐにあきらめてしまう人がたくさんいます。

あきらめてしまうと、そこで終わってしまいます。あきらめない、粘り強く戦う、継続して行う……。**不動産投資は30年スパンの長いゲームのようなものです。**継続はとても重要です。

私たちは15年以上も不動産投資をやってきましたが、最初は二人ともサラリーマンでしたので、不動産業界のことはまったくわかりませんでした。セミナーや「大家の会」で話を断片的に聞いて、よくわからないこともたくさんありました。

当初は1億円の借金をするのがこわくて、とても1人では判断できないと思いました。そのため、15年間ずっと今でもメンターがいます。

そして向上心をもって勉強し続けてきました。自分ひとりなら経験値も一人前ですが、他人から知恵をもらうことにより効率的に進むことができたのだと思います。

メンターを選んでも、「自分にはできるのだろうか？」と不安な気持ちが出てくると思います。

また、自分の言ったことを守らない、アドバイスをもらっても素直にやらない、失敗してから連絡してくる人も多いです。大人なので創意工夫は大切ですが、素直に聞く部分と工夫する部分の両方が必要です。

先ほども申し上げました通り、不動産投資の目標設定を決めたら、そこに向かって逆算して行動するわけですが、どうしても壁にぶち当たることもあります。

しかし、それであきらめたらダメです。我慢してでも必ず継続していくことが大切です。**あきらめず真摯に取り組んでいける人こそ、不動産投資に成功できるのだと信じています。**

おわりに

不動産投資で稼いでＦＩＲＥしたい人は多いです。私自身も不動産投資を始めたころ、大金持ちになりたいと望みました。

「サラリーマンを辞めたい」

「嫌な上司を見返してやりたい」

そんな反骨心が不動産投資に励む原動力となったのは事実です。この気持ちは大切ですが、不動産投資は長きにわたって行う事業です。

目先の利益だけを考えるのではなく、本文で述べたようにさまざまな落とし穴に嵌《はま》ることなく、基本知識を得るとともにさまざまな情報を集め、そして目標までのロードマップをしっかりと組み立ててください。

不動産投資の成功者はたくさんいますが、その倍くらいの人が失敗しています。失敗する人の多くは「この物件を買えば簡単に儲かる」「何もしなくても儲かる」といった安易な動機で始めた人です。

お金持ちになりたい気持ちは誰にでもあります。一度だけの人生なら、私もそれにチャレンジしてみたいと思いました。

世の中には年収1000万円、2000万円、3000万円の高収入を得るサラリーマンもたくさんいます。貯金も5000万円、1億円ある人もいます。

そんな人に追いつきたい……。しかし、とうていサラリーマンの稼ぎだけでは無理なので、不動産投資で頑張れば追いつけるだろうと考えました。

せっかくサラリーマンを辞めて独立して（不動産）経営者となったのだから、やはりお金持ちになりたい。そして、好きなことをやりながら人生を歩んでいきたい。

あなたの動機はいろいろだと思いますが、基本的には私たちと同じようなものだろうと思います。その気持ちを大切にしながら、目先だけでなく、5年後、10年後、20年後を見据えて不動産投資に取り組んでください。

人生においては「体験」が大切だと思っています。

私はビル・パーキンス著『DIE WITH ZERO 人生が豊かになりすぎる究極のルール』

（ダイヤモンド社）を読んで共感しました。

お金はあの世まで持っていけないのだから、貯金するだけでなく使う。旅行に行ってもいいし、スポーツやゲーム、勉強するもよし。とにかく、たくさんの体験が重要とのことでした。

そして、たくさんの人とのつながりは人生最大の財産となります。これが不動産投資の本当の目的なのかもしれません。

日本はまだまだ学歴社会です。「社会構造に能力がマッチした人が勝ち」という面もあります。勉強が生まれつき得意、並外れた運動能力がある、音楽の才能がある……。社会の物差しは多数ありますが、それらにマッチした人が勝ち組になります。勉強ができて一流大学を卒業すると、一流企業に就職できる。その人はお金持ちになり、人生の勝ち組になっている図式です。しかし、私自身はそのような能力もありませんでした。そこで不動産投資を行い、人生を逆転したいと願いました。

「自分の力だけで生きてやる！」と雄叫びをあげている人もいますが、このような人こそ社会に適応できなかったタイプなのです。やはりマジメに勉強して、一流企業で働いている人が素晴らしいと思います。

しかし、能力が社会とマッチしなかっただけなので、そんな人でも不動産投資でお金持ちになってFIREを夢見てほしいのです。

すでに大人となったあなたは今からオリンピック選手にはなれませんが、不動産投資で成功できる可能性があります。

お金や不動産投資はあくまでも手段であり、その真の目的は「人生、幸せになること」です。いろんな体験をして、たくさんの人と関係を持つのは人生において重要なことです。

不動産投資は不労所得ではありません。

この点を誤解している人が多くいます。それでも不労所得を夢見て不動産投資を始める人が増えています。不動産投資は「投資」という言葉こそ入っていますが、れっきとした「事業」です。

投資の視点で買うかもしれませんが、それでも賃貸経営をしていくと、やはり事業だと気づかされます。

健全な賃貸経営をすることにより収益はアップしていきますし、「どうせ投資だから」と軽んじて放置してしまうと、利益は一気になくなってしまいます。

「不動産投資は儲からない」と嘆いている人に限って、やるべきことをきちんとやっていない人がほとんどです。それは投資と思い込んで放置しているからです。


経営者は決断業です。

不動産投資は安定しているビジネスなのに、他の余計なビジネスに手を出して失敗する人が多いようです。節税商品を買って失敗してしまい、節税したはずなのに、それ以上のとんでもない損失を出してしまった人もいます。ドローン投資や足場投資なども経営を誠実にやるならいいのですが、何も知らず節税だけを目的に手を出すと大火傷を負います。

しっかりと説明を聞き、学習し、自分で経営できるのかシミュレーションをして、「できる！」と判断したことのみ実践すればよいのです。何事も勉強あるのみです。

不動産投資はしっかりと経営すれば必ず実を結ぶ事業ですし、その再現性の高さが最大のメリットです。

不動産投資は仕組みが整っていますし、リスクヘッジも学んでいけば、ほぼクリアできます。社長であるあなたは判断・決断をすればいいのです。

最後に書籍執筆にあたり、多大なるご協力をいただきましたマネジメント社の安田喜根社長、インプルーブの小山睦男様、布施ゆき様には厚く御礼申し上げます。

杉田　卓哉

名取　幸二（なとり・こうじ）

株式会社ペスカトーレ代表取締役

1970年、長野県生まれ。

流通系のサラリーマンをしながら、経済的自由をめざして不動産投資を志す。

2009年念願の1棟マンションを購入し、以後サラリーマン投資家になり、2019年に独立。

現役不動産投資家として規模拡大を目指すかたわら、自身の経験を活かし、サラリーマン大家さん向けコンサルタントも行っている。

不動産投資の実績はマンション18棟502室。購入総額31億円。家賃収入3億円超。

著書に『普通のサラリーマンが実現させた年収1000万円の不動産投資』（スタンダーズ社）がある。

不動産投資コミュニティ「OTAKARA不動産投資スクール」を運営するほか、「家主と地主」「ウチコミ」「楽待コラム」など関連メディアへの掲載も多数。

杉田　卓哉（すぎた・たくや）

一般社団法人マネー総合研究所所長

1974年生まれ、兵庫県出身。北九州市立大学経済学部卒。

大手精密機器メーカーに勤務していたサラリーマン時代に不動産投資を始め、5000万円の家賃収入を得てリタイア。

近年は上場企業や金融機関などからマネー・リテラシー教育に関する社内研修や講演などの依頼も多数。不動産投資のほか建設業、二級建築士事務所、宅建業など複数の会社を経営する事業家でもある。

不動産投資コミュニティ「OTAKARA不動産投資スクール」を共同運営。

著書『「空き家」で儲ける！驚異の利回り100%不動産投資術』（宝島社）など多数。

《マネジメント社 メールマガジン『兵法講座』》

作戦参謀として実戦経験を持ち、兵法や戦略を実地検証で語ることができた唯一の人物・大橋武夫（1906 ～ 1987）。この兵法講座は、大橋氏の著作などから厳選して現代風にわかりやすく書き起こしたものである。

ご購読（無料）は

https://mgt-pb.co.jp/maga-heihou/

書籍コーディネーター　㈲インプルーブ　小山睦男
カバーデザイン　飯田理湖

不動産投資　絶対にやってはいけない39の落とし穴

2023年11月22日　初版　第1刷発行

著　者　名取幸二　杉田卓哉
発行者　安田喜根
発行所　株式会社 マネジメント社
東京都千代田区神田小川町2-3-13（〒101-0052）
TEL　03-5280-2530（代）　FAX　03-5280-2533
ホームページ　https://mgt-pb.co.jp
印　刷　中央精版印刷 株式会社

ISBN　978-4-8378-0516-8　C0033